IHR STERN ✽ FÜR ZUHAUSE

Rolf Straubinger – Geheimnisse aus seiner Sterneküche

Herausgeber:

Verlagsedition netzwerk▸

Autor: Rolf Straubinger | Burg Staufeneck | 73084 Salach | www.burg-staufeneck.de
Fotos, Bildbearbeitung und Layout: Philipp Sedlacek | Netzwerk für wirksame Werbung GmbH
Layout und Grafik: Monja Kienle | Netzwerk für wirksame Werbung GmbH
Texte: Michael Wirkner und Ulrike Albrecht | Netzwerk für wirksame Werbung GmbH
Bildbearbeitung: Jochen Pietrowski | Netzwerk für wirksame Werbung GmbH
Druck: Bechtle Druck & Service | Esslingen
Verlag: Netzwerk für wirksame Werbung GmbH

© 2011 Verlagsedition Netzwerk
Netzwerk für wirksame Werbung GmbH | Schillerplatz 10 | 73033 Göppingen
www.michael-wirkner.de

ISBN 978-3-00-036205-7

Bezugsquellen:

Teller:	Rosenthal, www.rosenthal.de
Gläser:	Spiegelau, www.spiegelau.com
Edelstahlkochgeschirr:	Fissler, www.fissler.de
Edelstahlkochgeschirr und Pfannen:	All-Clad, www.all-clad.de
Kupferkochgeschirr:	Kupfermanufaktur Weyersberg, www.kupfermanufaktur.com
Gusskochgeschirr:	Le Creuset, www.lecreuset.de
Messer:	Global, www.global-messer.eu
Pfannen und Siebe:	WMF, www.wmf.de

Fotografiert im Palux-Event-Kochstudio auf Burg Staufeneck.

Editorial

Dieses Buch entstand infolge einer Rezeptserie, die Rolf Straubinger für die Supermärkte von Manfred und Jens Gebauer in der Region Stuttgart konzipiert hat. Die beiden Partner – der Sternekoch und die Betreiber eines der modernsten Supermarktkonzepte in Europa – verbindet manches. Beide wurden vielfach für ihre Arbeit ausgezeichnet, und beide eint das Ziel, Lebensfreude und Genuss zu vermitteln. So entstand eine Partnerschaft, die für beide Seiten Anregung und Inspiration war.

„Die Arbeit an dem Buch hatte eine spannende Wechselwirkung mit dem, was wir im Restaurant machen. Sie war ein sehr willkommener Anlass, das was wir tun, weiterzuentwickeln. Die Gerichte finden sich je nach Saison und Anlass mittlerweile auch bei uns auf der Speisekarte – vor allem kommen sie bei unseren Gästen richtig gut an!", sagt Rolf Straubinger. Seine Küche ist eine gelungene Symbiose von schwäbischer Lebensart mit regionalen und saisonalen Produkten, interpretiert in modernen Kochstilen. Sie ist ein Spiel mit Kontrasten und Ergänzungen, die den Eigengeschmack der Zutaten nicht verfälschen, aber immer neue und spannende Geschmackserlebnisse garantieren. Die regionalen Wurzeln gehen dabei nicht verloren. Im Gegenteil: Ob Linsen, Spätzle, Innereien, Braten oder Wurstspezialitäten – all das und noch viel mehr findet sich in diesem Buch, das sich als Anregung an den Leser und Hobbykoch versteht, gewohnte Zutaten auch mal auf neue, ungewöhnliche Art zuzubereiten. Es soll inspirieren und gibt mit vielen Tipps und Basisrezepten auch so manche Anregung für die tägliche Küche. So holen Sie sich Ihren Stern für Zuhause.

Zum Umgang mit diesem Buch

Die Rezepte in diesem Buch sind für 4 Personen berechnet und so konzipiert, wie sie im Sternerestaurant angeboten werden. Der Leser kann diese mit den Mitteln der heimischen Küche nachkochen. Die Sterne unter den Symbolen kennzeichnen den Schwierigkeitsgrad. Wer ein wenig Zeit sparen möchte, darf die Rezepte als Anregung sehen: Haben Sie den Mut und die Fantasie, die Gerichte zu vereinfachen. Verwenden Sie hochwertige Fertigprodukte als Zutaten. Variieren Sie oder lassen Sie einzelne Elemente weg. Ziehen Sie einzelne Komponenten heraus und kombinieren Sie diese mit anderen Ideen. Wer so an das Buch herangeht, dem erschließen sich garantiert neue Geschmackserlebnisse.

 Kochschule

In der Kochschule sind die verwendeten Basisrezepte übersichtlich zusammengefasst. Dort finden sich Dressings, Vinaigrettes und Saucen, Teige, Cremes und Pürees, Chutneys und Pestos, Gelees und Sorbets sowie Tipps für Dekorationen. Die Rezepte sind beliebig kombinierbar und eine Quelle der Inspiration für die tägliche Küche. Die Mengenangaben richten sich hier nach sinnvollen Produktionsmengen und sind daher – im Gegensatz zu den anderen Rezepten – nicht immer für 4 Personen berechnet.

Inhalt

Burg Staufeneck

- 10 Die kulinarische Hochburg im Stauferland
- 12 Rolf Straubinger
- 16 Die Burgherrschaften Straubinger und Schurr
- 18 Die Küchenbrigade
- 20 Die Leitwölfe
- 22 Das Gourmet-Restaurant
- 24 Service & Rezeption
- 25 Die Scheune
- 26 Das Burghotel Staufeneck
- 28 Weinkontor & Gourmet-Lädle

Vorspeisen

- 32 **Tomate im Mozzarella**
  mit Ciabatta-Brotchips und Rucola-Vinaigrette
- 34 **Münsterkäse in der Pellkartoffel**
  mit Endiviensalat in Feigensenf-Marinade
- 36 **Sandwich vom Taleggio-Käse**
  mit Ofentomaten, Rucolasalat und Auberginenpüree
- 38 **Spargelsalat**
  mit emulgierer Spargel-Vinaigrette und Brunnenkresse
- 40 **Karamellisierter Ziegenfrischkäse**
  mit gegrillter Wassermelone und Melonen-Honig-Sorbet
- 42 **Erdgemüse in Senfkörnermarinade**
  mit pochiertem Bio-Stunden-Ei auf Rosenkohllaub
- 44 **Kartoffelbrot-Lasagne mit Fourme d'Ambert**
  auf Rote-Bete-Salat mit grünem Apfelgelee
- 46 **Rollmops von der Makrele (Steckerlfisch)**
  im Escabeche-Sud
- 48 **Tellersülze mit Allerlei vom geräucherten Lachs**
- 50 **Seezungenstreifen in der Zucchiniblüte**
  Vinaigrette von Strauchtomaten und Basilikum, weißer Tomatenschaum und Couscous-Nocken
- 52 **Terrine von Meeresfrüchten und Scampi**
  Gefüllte Calamaretti, gerösteter Oktopus, Limonen-Vinaigrette
- 54 **Zanderschnitte mit kross gebratener Haut**
  Erbsen-Speck-Vinaigrette, Affila-Kresse, Kopfsalatcreme, Frühlingsgemüse und Wachtelei
- 56 **Seeteufelmedaillon**
  mit Avocadocreme, Passionsfrucht-Orangen-Vinaigrette und kleinem Frühlingssalat
- 58 **Thunfischsalat „Burg Staufeneck"**

60 **Karamellisierte Lachsforelle auf Safran-Mixed-Pickles**
Rettich-Cannelloni, gefüllt mit Lachsforellentatar

62 **Zweierlei vom Bachsaibling**
mit grünem Gurken-Tapioka, eigenem Kaviar und Sauerrahmschaum

64 **Schichttorte von Geflügelleber und Espresso**
mit Senffrüchten, schwarzem Nusspesto und Linsenpapier

66 **Kalbsbries auf marinierten Kalbsbrustscheiben**
mit Linsen

68 **Carpaccio vom schwäbischen Landrind**
mit Linsen-Rettich-Vinaigrette, Tatar und frittiertem Eigelb

70 **Zwiebelkuchen mit gefüllten Wachtelkoteletts**
Süße Most-Sabayon und Kürbis-Chutney

72 **Eigelb-Ravioli**
mit Ragout vom Kalbsbäckchen, Parmesanschaum und Spinatpüree

Suppen

76 **Rahmsuppe vom Kopfsalat**
mit Erbsen und Kalbsbriesmedaillons auf Erbsen-Kopfsalat mit Kashmir-Curry

78 **Pikante Kürbissuppe auf Kürbisflan**
mit Kokosschaum und Variationen von der Jakobsmuschel

80 **Thai-Suppe**
mit Wildwasserscampi und sautiertem Gemüse

82 **Sauerkrautsuppe**
mit gefülltem Leberwurst-Kartoffelknödel, Majoran und Kartoffelcroutons

84 **Geeiste Melonen-Hummer-Suppe**
mit Minze, Melonenperlen, Hummersalat in Gelee-Cannelloni und Curryöl

Hauptgerichte vegetarisch

88 **Rote Spitzpaprika**
gefüllt mit Feinweizen, Pilzen und Fetakäse auf gelbem Paprika-Coulis mit Zucchini-Tagliatelle

90 **Rigatoni mit Ricottakäse**
mit gelben und roten Kirschtomaten und Parmesancracker

92 **Gorgonzola-Risotto**
in zwei Präsentationen mit gefülltem Sommergemüse

Hauptgerichte Fisch

96 **Heilbutt im Speck-Lauch-Mantel**
mit Kartoffel-Kürbis-Gulasch und Grießnocken

98 **Sankt Petersfisch**
mit Kartoffel-Räucherfisch-Püree, Eigelbkaviar und kleinen Röstkartoffeln

100 **Paella „Burg Staufeneck"**

102 **Wilde Dorade**
gefüllt mit geschmorten Safranzwiebeln,
Zitronen-Olivenöl-Emulsion, Artischockensalat

Hauptgerichte Fleisch

106 **Gegrillte Satéspieße**
mit Rind- und Entenfleisch und dreierlei Dips

108 **Minutenröllchen vom Roastbeef**
mit Kartoffel-Lauch-Püree und Rotwein-Thymian-Jus

110 **Glacierte Kalbshaxe**
auf Kalbszungenragout weiß-sauer mit grünem Spargel

112 **Kalbsnierenroulade und Kalbsnieren schwäbisch-sauer**
mit Shiitake-Pilzen, Bohnen-Spaghetti und jungen Karotten

114 **Entenbrust auf der Haut kross gebraten**
Krokette von der Entenkeule im Kürbis-Mandel-Crunch und pikanter Rotkrautsalat

116 **Bauch vom Schwäbisch-Hällischen Landschwein**
mit marinierten Brezelknödeln, dreierlei Bohnen und Radieschen

118 **Roulade von der Freilandhühnerbrust**
gefüllt mit grünem Spargel, Schmorpaprika und Ziegenfrischkäse in Parmesanhülle

120 **Lammkoteletts „Barbecue-Style"**
mit gegrillter Polenta, Gemüse in Pergamentpapier und Sour Cream mit Minze

122 **Leberbraten vom Stallhasen**
mit Pfifferlingen und Petersilienspätzle

124 **Rehrücken mit Kruste vom Studentenfutter**
mit Crêpes Suzette und schwarzen Nüssen

126 **Rinderfilet mit Trüffel-Hollandaise**
mit rotem Mangold, Staudensellerie und glacierter Birne

128 **Kartoffel-Steinpilz-Gröschtl**
mit hausgemachter Blutwurst auf Birnen, Majoran und Senf-Luft

Desserts

132 **Karamellisiertes Limonenparfait**
mit Ananas und grünem Pfeffer

134 **Piña Schokolada**
Dessertkreation von Kokos, Ananas und Schokolade

136 **Rote Grütze „Burg Staufeneck"**

138 **Birnenbaum**

140 **Schokoladenkuchen**
mit Rhabarberkompott gefüllt und Eis von reduzierter Landmilch

142 **Aprikosen-Nougat-Tartelette**

144 **Blanc manger von Erdbeeren**
mit Erdbeer-Quark-Mousse und eigenem Sorbet

146 **Saurer Apfel**

Talentschmiede

- 150 Die Talentschmiede
- 151 **Thorsten Probost** Burg Vital Hotel | Oberlech am Arlberg
- 152 **Angela Daferner** Landgasthof Hirsch | Manolzweiler
- 154 **Christiane Kastner** Küchenchefin RÜSSELs Landhaus St. Urban | Naurath
- 155 **Axel Dorfschmid** Geschäftsführer Exciting Events | Frickenhausen
- 156 **Ludwig Heer** Ludwigs feinste Pralinen | Göppingen
- 158 **Matthias Rapp** Rappen | Stuttgart
- 159 **Michael Kübler** Hotel Fuchsen | Kirchheim unter Teck
- 160 **Matthias Walter** Steinheuers Restaurant Zur Alten Post | Bad Neuenahr
- 162 **Alexander Neuberth** Burg Staufeneck
- 164 **Maximilian Trautwein** Burg Staufeneck
- 166 **Philipp Kortyka & Ole Trautner** Burg Staufeneck
- 167 Die Hoffnungsträger

Kochschule

- 170 Fonds & Saucen
- 174 Vinaigrettes & Dressings
- 175 Salate
- 176 Teige & Klößchen
- 179 Pürees & Cremes
- 180 Farcen & Krusten
- 180 Confits, Pestos & Chutneys
- 181 Gelees
- 181 Sorbets
- 181 Fleisch, Fisch, Gemüse & Co.
- 185 Dekorationen
- 187 Dessert-Dekorationen

BURG STAUFENECK

Burg Staufeneck
Die kulinarische Hochburg im Stauferland

Ausgedehnte Waldgebiete, weitläufige Streuobstwiesen und der landschaftlich einzigartige Albtrauf kennzeichnen das Stauferland, wie die ehemalige Heimat der Staufer-Dynastie auch heute noch genannt wird. Als Teil der Region Stuttgart vereint das Stauferland die Nähe zur Großstadt mit einem Naherholungswert, der weithin seinesgleichen sucht. Die Geschichte der Stauferkönige, wie die des berühmten Friedrich I. Barbarossa, ist hier allgegenwärtig – und auf Burg Staufeneck ist sie greifbar.

Hoch über dem Filstal breitet sich diese einzigartige Landschaft vor dem Besucher auf Burg Staufeneck aus, und das alte Gemäuer gibt Zeugnis von dieser Vergangenheit. Wohl wenige Orte in Deutschland sind besser für gehobene Gastlichkeit geeignet als dieser. Die weitläufige Burganlage wurde nach und nach von den Familien Klaus Schurr und Rolf Straubinger erschlossen und umfasst mittlerweile ein Sternerestaurant mit großem Bankettsaal, ein 5-Sterne-Hotel mit 78 Betten, eine Scheune mit Eventküche für besondere Anlässe, ein Gourmet-Lädle mit erlesenen Köstlichkeiten sowie ein Wohngebäude für das Personal. Eine gewaltige Leistung, wenn man bedenkt, dass hier vor 50 Jahren nur ein Ausflugskiosk für Wanderer stand.

Erbaut wurde Burg Staufeneck im Jahre 1080 von Ludwig von Staufen und blieb 250 Jahre im Besitz der Dynastie. Von 1333 bis 1599 gehörte es zu den Besitztümern

des Adelsgeschlechts von Rechberg. Danach waren häufige Besitzerwechsel kennzeichnend für die Geschichte der Burg. Ab 1800 war sie dem weitgehenden Verfall preisgegeben, und erst 1926 wurde der Burgfried wieder freigegeben.

1927 beginnt die Großmutter von Rolf Straubinger mit der Bewirtschaftung der Burg im Westteil der Ruine. Als deren Tochter Lore und ihr Mann Erich Straubinger ab 1973 die Gastronomie bewirtschaften, erwacht die Burg vollends zu neuem Leben.

Durch die Übernahme des Restaurants durch ihren Sohn Rolf Straubinger und die Heirat ihrer Tochter Karin mit dem Unternehmer und Visionär Klaus Schurr wurde die Entwicklung derart beschleunigt, dass sich Burg Staufeneck nun so zeigt, wie die Gäste sie kennen und schätzen – als kulinarische Hochburg im Stauferland: mit Gourmet-Restaurant und 5-Sterne-Hotel.

Rolf Straubinger
Kontraste und Ergänzungen – Die Küche des Sternekochs

Wenn Rolf Straubinger über seine Art zu kochen redet, dann fallen Begriffe wie „Spannung auf dem Teller" und „Abgang". „Im Grunde gibt es nur fünf Geschmacksrichtungen: sauer, scharf, süß, salzig und bitter. Die Kunst besteht darin, diese so zu verbinden, dass neue Geschmackserlebnisse möglich werden, ohne den Eigengeschmack der einzelnen Zutaten zu überdecken". Deshalb arbeitet Rolf Straubinger am liebsten mit Kontrasten und Ergänzungen, die den Charakter der einzelnen Zutaten hervorheben und trotzdem in der Kombination immer wieder verblüffend Neues bieten.

Kontraste finden sich in den Rezepten in diesem Buch vor allem bei den Vorspeisen. Da ist der würzige Ziegenkäse, der mit fruchtig milden Melonen kombiniert wird. Da sind die sauren Safran-Mixed-Pickles, die mit einem an Crème brûlée erinnernden süßlichen Lachs serviert werden – oder auch der Kontrast von Gänseleber und Kaffee, der völlig ungewohnte, aber immer spannende und überraschend angenehme neue Gaumenfreuden bietet. Außerdem wird mit unterschiedlichen Garzuständen gearbeitet und Bekanntes, Regionales und Saisonales neu zusammengestellt und kreativ präsentiert.

Ergänzungen entsprechen einem anderen Grundverständnis des Sternekochs, der am liebsten die Ressourcen vollständig ausschöpft und möglichst alle Teile eines Tiers verarbeitet. So wird ein Stallhasenrücken mit der Leber eines Kaninchens gefüllt oder eine Entenbrust mit einem Ragout aus der Keule ergänzt. Bei der Hollandaise zum Rinderfilet ergänzt das Erdige des Trüffels das Cremige des Eies. Wer so an das Kochen herangeht, dem sind neue Geschmackserlebnisse sicher – und dessen Fantasie wird angeregt, selbst immer wieder mit Kontrasten und Ergänzungen zu arbeiten und Kochen als einen kreativen Prozess zu verstehen.

Rolf Straubinger
Werdegang

1979–1982	Ausbildung zum Koch Hotel Sonne-Post, Murrhardt
1982–1983	Restaurant Tantris, München
1983–1984	Bundeswehrdienst im Repräsentationskasino Hardthöhe, Bonn (Privatkoch Dr. Manfred Wörner)
1984–1986	Hotelfachschule Heidelberg mit Abschluss Betriebswirt
1986–1987	Kur- und Sporthotel Traube Tonbach, Schwarzwaldstube Souschef bei Harald Wohlfahrt
1987–1988	Hostellerie Le Cerf, Marlenheim (Frankreich)
1988–1989	Ristorante Al Borgo, Rovereto (Italien) und Hotel Negresco, Nizza (Frankreich), Restaurant Le Chantecler
Herbst 1989	Küchenmeisterkurs bei der F+U, Heidelberg
seit 1990	Küchenchef im elterlichen Betrieb, Burgrestaurant Staufeneck
2001	Übernahme des Betriebs mit Schwager Klaus Schurr
2002	Eröffnung des Burghotels

Erfolge

1982	2. Platz Rudolf Achenbach-Preis 1. Platz Deutsche Jugendmeisterschaften in Hannover
1988	Finalteilnahme „Prix Culinaire International Pierre Taittinger" in Paris 2. Platz Wettbewerb „Goldene Kochmütze"
1989	1. Platz Wettbewerb „Goldene Kochmütze"
1990	2. Aufsteiger bei „Feinschmecker"
seit 1991	1 Stern Guide Michelin
1993	1. Platz Wettbewerb „Gläsernes Halstuch"
1994	2. Platz „Bocuse d'Or", Deutschlandfinale
1996	1. Platz „Bocuse d'Or", Deutschlandfinale
1997	5. Platz „Bocuse d'Or", Weltfinale in Lyon Sonderpreis „Bester Fischkoch"
2000	„Koch des Monats" November im „Feinschmecker"
2003	Ernennung zum Top-Ausbilder des Jahres – Individual-Gastronomie VKD (Verband der Köche Deutschlands)

Die Burgherrschaften Straubinger und Schurr
Die Burg ist eine familiäre Angelegenheit

Mit „Ergänzungen" kann man auch die Burgdamen und -herren wunderbar beschreiben. Da haben sich Menschen gesucht und gefunden. Sie alle arbeiten mit viel Fleiß und sich ergänzenden Qualitäten am Erfolg des familiären Gesamtkunstwerks Burg Staufeneck.

Da ist zum einen der konzentrierte, zugleich spontane, ungeduldige und kreative Qualitätsfreak Rolf Straubinger, den seine Frau Heike mit Natürlichkeit und Charme, Perfektionismus und Freundlichkeit ergänzt.

Zum anderen braucht ein Kreativer an seiner Seite einen Visionär und Macher, der plant, organisiert, anpackt und vor allem nie den Überblick verliert. Das ist sein Schwager Klaus Schurr, der wiederum nur deshalb seine Aufgaben so gut erfüllen kann, weil seine Frau Karin, die Schwester von Rolf Straubinger, die gute Seele des Hauses ist. Sie bringt diplomatisch und ausgleichend ein wenig Ruhe in den kreativen Umtrieb.

Vor allem aber sind da auch die Eltern Lore und Erich Straubinger, die nach wie vor mit Rat und Tat beiseite stehen.

DIE BURGHERRSCHAFTEN STRAUBINGER UND SCHURR

Die Küchenbrigade
Sterneküche ist Teamwork

Je anspruchsvoller eine Küche ist, desto komplexer ist ihre Organisation und Posteneinteilung. Im vielfach ausgezeichneten Gourmet-Restaurant auf Burg Staufeneck arbeiten je nach Saison zwischen 21 und 25 Köche, Auszubildende inklusive. Unter der Leitung von Rolf Straubinger bilden sie die Küchenbrigade, in der Branche auch weiße Brigade genannt. Sie arbeitet – im Unterschied zur schwarzen Brigade des Service-Personals – vorwiegend hinter den Kulissen. Hier wird alles für die Gäste des Restaurants vorbereitet, hier muss jeder Handgriff sitzen, hier werden nur frische und beste Zutaten verarbeitet. Die wichtigsten Posten haben langjährige Staufeneck-Mitarbeiter inne, von denen Rolf Straubinger liebevoll als den „Leitwölfen" spricht. Ihr Können, ihre Erfahrung, ihr Engagement und ihr hohes Arbeitsethos stellen die Qualität von Rolf Straubingers Sterneküche auf Burg Staufeneck sicher – an 365 Tagen im Jahr. Egal ob im Restaurant selbst, in der Scheune oder anderswo, bei einem der vielen Caterings, die Staufeneck durchführt.

Die Sterneküche fordert von allen Beteiligten ein straffes Tempo und punktgenaues Timing. Jeden Abend schreiben die Leitwölfe lange To-do-Listen für ihren Bereich, die tags darauf zügig abgearbeitet werden müssen. Sozusagen erschwerend kommt

DIE KÜCHENBRIGADE

bei Rolf Straubinger hinzu, dass er besonders ressourcenschonend arbeitet und möglichst alles, was ein Tier an Verwertbarem hergibt, auch verarbeitet – bis zum letzten Knochen oder Knorpel. Deshalb werden hier nicht nur Rehrücken ausgelöst, sondern auch Innereien genutzt und Knochen zu Saucen und Fonds verkocht. Es wird filetiert, pariert, passiert und reduziert, dass es eine helle Freude ist. „Bei uns arbeiten die Köche mit dem Messer, nicht mit dem Dosenöffner", sagt Rolf Straubinger augenzwinkernd, „und wo gehobelt wird, da fließt auch mal Blut." Um genau das in der betriebsamen Hektik des Küchenalltags zu vermeiden, müssen die vielen gefährlichen Handgriffe alle gut trainiert werden. Rolf Straubinger motiviert seine Azubis gerne, indem er sie zum Wettstreit herausfordert: Wer schafft es schneller als er, zum Beispiel 15 Kilo Zander zu filetieren? Letztlich ist ein großes handwerkliches Können an jedem einzelnen Posten die Grundvoraussetzung für ein überzeugendes Gesamtergebnis auf dem Teller – Gang für Gang, Gast für Gast, Tag für Tag. Jeder trägt seinen Teil dazu bei.

Wenn die eigentliche Arbeit getan ist, wird geschrubbt, geputzt und gewienert. Jeder hält seinen Posten selbst sauber. Dass hier täglich hart gearbeitet wird, hinterlässt Spuren – bei aller Sorgfalt. Zwei Küchen haben Straubingers weiße Brigaden in den letzten 20 Jahren bereits „niedergekocht", erzählt der Chef nicht ohne Stolz. Jetzt ist die Nummer drei dran!

Die Leitwölfe
Felsen in der Brandung der täglichen Hektik

Von links nach rechts: Christoph Gies, Küchenchef Gourmet-Restaurant | Michael Minarsch, Souschef | Mathieu Castex, Küchenchef Patisserie | Thomas Geiger, Küchendirektor

Als Laie staunt man, wie viele Dinge in einer gut organisierten Küche gleichzeitig passieren. Damit all die fliegenden Hände auch gut koordiniert arbeiten, braucht jede Küche erfahrene und loyale Postenchefs – auf Staufeneck auch Leitwölfe genannt –, denen die anderen folgen und die im besten Sinne die Qualität sichern. Auf Burg Staufeneck sind das:

Thomas Geiger, Küchendirektor Er hat nach seiner ersten Zeit von 1996 bis 2001 auf der Burg so manches probiert und kam am Ende doch wieder zurück – und wie! Seit 2010 ist Thomas Geiger der erste Mann in Rolf Straubingers Küchen. „Er hat einmal nicht Nein gesagt", meint Rolf Straubinger, der den Leistungsträger, der 2000 die deutsche Ausscheidung für den Bocuse d'Or gewann und bei der Weltmeisterschaft 2001 den sechsten Platz belegte, schon lange wieder zurückholen wollte.

Christoph Gies, Küchenchef Gourmet-Restaurant Als Rheinländer im Schwabenland hat er es nicht immer leicht – vor allem, wenn er sich im Hoheitsgebiet des VfB Stuttgart als Gladbach-Fan outet. Mittlerweile hat Christoph Gies aber sein privates und berufliches Glück auf der Burg gefunden und im Stauferland Wurzeln geschlagen. Als erster Stellvertreter seines Chefs im Gourmet-Restaurant ist er mit Thomas Geiger für die Personalplanung zuständig. Seit 2003 ist der ehemalige Azubi von 2-Sterne-Koch Hans Stefan Steinheuer nun auf der Burg, wo er mittlerweile auch wesentlich für die Ausbildung zuständig ist.

Michael Minarsch, Souschef „Er war mal drei Wochen woanders, dann war er Gott sei Dank wieder da", erzählt Rolf Straubinger über sein klassisches Eigengewächs. Michael Minarsch ist seit 2002 auf der Burg und hat mit Unterstützung seines Arbeitgebers die Ausbildung zum Küchenmeister gemacht. Er ist Saucier und Poissonnier, zudem verantwortlich für die Hygiene und zuständig für die Wochenendbankette. Darüber hinaus ist er in einer von Messern dominierten Welt absolut unverzichtbar – als Ersthelfer!

Mathieu Castex, Küchenchef Patisserie Von Liebe auf den ersten Blick sprechen weder Mathieu Castex noch Rolf Straubinger, wenn sie an den Beginn ihrer Zusammenarbeit zurückdenken. Dem Chef waren die Dessertkreationen des begnadeten Patissiers einfach zu französisch. „Bittere Schokolade, dunkler Karamell" kommen aus Rolf Straubingers Mund fast wie Schimpfworte. Dabei hat Castex, der in der Nähe von Clermont-Ferrand aufwuchs und eigentlich 2002 nur ein paar Wochen bleiben wollte, eben auch seine Wurzeln – wie Rolf Straubinger. Mittlerweile haben sich die beiden so perfekt aufeinander eingespielt und gegenseitig inspiriert, dass sie ein unschlagbares Team geworden sind. Castex wurde 2011 von der Schlemmer-Atlas-Redaktion als „Patissier des Jahres" gekürt – und das in Deutschland!

Das Gourmet-Restaurant
Treffpunkt für Schlemmergenießer aus aller Welt

Seit 1991, nun also 20 Jahre, kann Rolf Straubinger in seinem Gourmet-Restaurant ununterbrochen einen Stern des Guide Michelin sein Eigen nennen. Das Burgrestaurant mit seiner vorgelagerten Panoramaterrasse ist trotz aller Erweiterungen immer noch das Zentrum von Burg Staufeneck. Hier treffen sich Feinschmecker aus aller Welt, und wer in der Region etwas auf sich hält, feiert, was immer es zu feiern gibt, gerne auf der Burg.

DAS GOURMET-RESTAURANT

Restaurantkritiker beschreiben die Küche von Rolf Straubinger gerne als gelungene Symbiose zwischen mediterraner Leichtigkeit und schwäbischer Lebensart. Das liest sich schön, greift aber zu kurz. Denn ihm geht es um das Spiel mit verschiedensten Aromen, Garzuständen, Geschmacksrichtungen. Es geht um Kontraste und Ergänzungen, die neue Geschmackserlebnisse ermöglichen. Elemente der molekularen Küche fließen nur insoweit ein, als sie die „Spannung auf dem Teller" erhöhen und sind kein Selbstzweck. Es geht um Regionalität, Saisonalität und um den verantwortungsvollen Umgang mit Zutaten und Ressourcen. Daraus entstehen immer neue Kreationen und Kombinationen, die zu probieren einfach Spaß macht.

„Die Arbeit an diesem Buch", sagt Rolf Straubinger, „hatte eine spannende Wechselwirkung auf das, was wir im Restaurant machen. Denn alle Gerichte aus dem Buch finden sich je nach Jahreszeit und Anlass mittlerweile auf unserer Karte und vor allem kommen sie bei unseren Gästen richtig gut an".

Ab Frühjahr 2012 dürfen sich die Freunde von Burg Staufeneck auf das neu umgebaute Restaurant freuen. Ein neues Konzept mit zwei verschiedenen Restaurants und Speisekarten, neuen Toiletten, einem Empfangsbereich und einer Raucherlounge stehen dann zur Verfügung. Der Stern wird aufpoliert.

Aktuelle Auszeichnungen

1 Stern Guide Michelin (seit 1991)

2 Diamanten Varta Führer + Varta Tipp

17 Punkte Gault Millau

4 Bestecke Aral

4 Mützen Bertelsmann

3,5 F Feinschmecker

Service & Rezeption
Bestens bedient und beraten

Hinter den Kulissen wirbelt die weiße Brigade. Die schwarze Brigade ist im Restaurant und im Hotel für den reibungslosen Service zuständig. Nur wo der Service stimmt, fühlen sich die Gäste wohl. Nur wo sie kompetent, freundlich und zuvorkommend bedient und beraten werden, ist der Genuss vollkommen. Für Klaus Schurr und Rolf Straubinger ist das eine Selbstverständlichkeit, ein Grundpfeiler (nicht nur) schwäbischer Gastlichkeit. Das bestens ausgebildete Service-Team rund um Anja und Markus Marciulonis, Thomas Rücker und Markus Konrad (Restaurant) sowie Judith Jalowietzki, Margit Herb (Hotel) und Kathrin Beier besteht größtenteils aus langjährigen Mitarbeiterinnen und Mitarbeitern, welche die Unternehmensphilosophie von Burg Staufeneck, aus allem das Beste herauszuholen, zu hundert Prozent verinnerlicht haben. Den Gästen werden die Wünsche von den Augen abgelesen und – wenn irgend möglich – auch erfüllt. Bei einem Weinkeller mit rund tausend verschiedenen Weinen ist da besonderer Sachverstand gefragt … und vorhanden!

Die Scheune
Ein Raum für besondere Anlässe

Im Geviert des Burghofs von Staufeneck wurde eine alte Scheune liebevoll restauriert und so ein idealer Raum für Feiern und Veranstaltungen mit bis zu 120 Gästen geschaffen. Die Atmosphäre im historischen Gemäuer ist urig und exklusiv, rustikal und elegant zugleich: etwas ganz Besonderes – und deshalb auch ganz besonders beliebt bei Brautleuten, um hier – im Schutz des alten Burgfrieds – den schönsten Tag ihres Lebens zu feiern. Aber auch andere besondere private und geschäftliche Anlässe wie Silber- oder Goldhochzeiten, Geburtstage oder Firmenjubiläen finden hier den stimmungsvollen Rahmen, der ihnen gebührt.

Seit Herbst 2007 werden in der historischen Burgscheune auch Kochkurse für leidenschaftliche Hobbyköche, Genießer und interessierte Gäste angeboten. Die Rahmenbedingungen im eigens dafür eingerichteten, topmodernen Event-Kochstudio sind perfekt: Alle Kursteilnehmer sitzen bequem auf Stühlen um den eleganten Herd herum, so dass ihnen kein Wort und kein Handgriff entgeht, wenn Rolf Straubinger und sein Team hier Tipps und Tricks aus der Profiküche verraten, die auch am heimischen Herd leicht umzusetzen sind.

Das Burghotel Staufeneck
In Ruhe genießen

Auszeichnungen

2004 Klassifizierung als
5-Sterne „Luxus" DEHOGA

2011 Hotelier des Jahres AHGZ

2011 Gourmet-Residenz
L'Art de Vivre

Hotelier des Jahres: Der Oscar der Hotel-Branche ging im Jahr 2011 an Klaus Schurr und Rolf Straubinger. Die zwei umtriebigen Schwaben wurden von der Allgemeinen Hotel- und Gastronomiezeitung (AHZG) dafür ausgezeichnet, dass sie und ihre Familien aus eigener Kraft und mit beispiellosem Engagement aus einer Ruine ein erfolgreiches Luxushotel geformt haben – in einer Lage, die ihresgleichen sucht. Das Burghotel Staufeneck thront hoch über der Alb, zwischen Wald und Wiesen, mit einem herrlichen Ausblick über das Filstal bis nach Stuttgart: ein Ort, wo man gut isst und gut schläft. Wo man die Ruhe genießen und in Ruhe genießen kann.

Bereits 1990 hatten Lore und Erich Straubinger, also die Eltern und Schwiegereltern von Straubinger und Schurr, die obere Burganlage mit Turm und Restaurant von der Stadt Böblingen erworben. Im Jahr 2000 kauften die beiden jungen Unternehmer den unteren Teil dazu. Nur zwei Jahre später stand dort das Hotel, das sich harmonisch in die Gesamt-Hofanlage einfügt, und das bereits ein Jahr nach seiner Eröffnung vom Deutschen Hotel- und Gaststättenverband (DEHOGA) mit fünf Sternen bewertet wurde. Heute stehen den Gästen im neu gebauten Hotel und im historischen Anselm-Schott-Haus 45 komfortable, großzügige, geschmackvoll eingerichtete Zimmer, Suiten und Apartments zur Verfügung. Auch der Wellnessbereich mit Blockhaus-Sauna, Lanconium, Sole-Stollen, Aroma-Grotte, Tepidarium und vielem mehr lässt keine Wünsche offen. Lichte, modern ausgestattete Seminarräume für 10 bis 150 Personen machen das Hotel außerdem für Firmen interessant.

Doch das Schönste ist, dass man all diesen Luxus in einer außergewöhnlich freundlichen, ja familiären Atmosphäre genießt. Wer in der ehemaligen Staufer-Residenz logiert, wird von einem rund 70-köpfigen, hoch motivierten Team mit Freude verwöhnt. Das ist typisch für die Burg – und ebenfalls ein Verdienst der beiden Hoteliers des Jahres 2011, Klaus Schurr und Rolf Straubinger.

Weinkontor & Gourmet-Lädle
Genuss zum Mitnehmen

Wer bei seinem Aufenthalt auf Burg Staufeneck einen neuen Lieblingswein entdeckt oder sich am Frühstücksbüfett in Oma Lores Aprikosen-, Himbeer- oder Zwetschgenmarmelade verliebt hat, findet im exclusiven Weinkontor & Gourmet-Lädle so manche Staufenecker Leckerei als Andenken für sich selbst oder als Kostprobe für die Daheimgebliebenen. Hier wird ein ausgesuchtes Programm aus Küche und Keller präsentiert: Genuss zum Mitnehmen – bis zum nächsten Besuch auf der Burg!

Weine nehmen im Gourmet-Lädle einen großen Raum ein. Auf Kenner und Liebhaber wartet eine erlesene Auswahl an Schaum-, Weiß-, Rosé- und Rotweinen aus aller Welt, darunter viele interessante Tropfen aus Deutschland und vor allem auch aus Baden-Württemberg. Sie alle wurden von den Sommeliers auf Burg Staufeneck sorgsam ausgewählt – auf dass die Gäste Burg Staufeneck in guter Erinnerung behalten!

Aus Straubingers Gourmetküche gibt es im Gourmet-Lädle verschiedene Fonds zu kaufen, eine Rinderkraftbrühe, Kutteln, eine Terrine von der Gänsestopfleber, ein Basilikumpesto, drei raffinierte Dips, hausgemachten Rotweinessig sowie die berühmte Bouillabaisse, die spätestens seit Straubingers Auszeichnung als bester Fischkoch beim Internationalen Bocuse d'Or 1997 als die köstlichste außerhalb Frankreichs gilt! Für die Bouillabaisse gibt es außerdem eine spezielle Gewürzmischung, die gemeinsam mit dem Rezept, der Einkaufsliste und der Geschichte der bekannten provenzalischen Fischsuppe in einer dekorativen Holzkiste verpackt ist. Da kann eigentlich nichts mehr schiefgehen!

Hausgemachte Schokoladenspezialitäten und Pralinen sowie exzellente Gewürze aus Ingo Hollands Altem Gewürzamt, hochwertige Utensilien für Küche und Tisch – scharfe Messer und Reiben, ein professionelles Kellnermesser oder formschöne Gläser – runden das stilvolle Angebot des Staufenecker Weinkontors und Gourmet-Lädles ab. Eine wahre Fundgrube für alle, die ein besonderes Geschenk für wahre Genießer suchen!

Oben: Sommelière Anja Marciulonis
Rechts: Sommelier Thomas Rücker

WEINKONTOR & GOURMET-LÄDLE

VORSPEISEN

Tomate im Mozzarella
mit Ciabatta-Brotchips und Rucola-Vinaigrette

Tomate im Mozzarella 5 Mozzarellakugeln | 2 Tomaten ohne Haut und Kernhaus, in Würfeln | 4 Blätter Basilikum | 40 g Lauchzwiebeln in Ringen | 25 g alter Balsamicoessig | 25 g Olivenöl | Meersalz | Pfeffer aus der Mühle | Zucker | 16 schwarze Oliven | 8 Scheiben Tomaten ohne Haut (ca. 2 Tomaten) | 0,5 l feine Tomatensauce 172 | 25 g Gelatinepulver

Mozzarellakugeln halbieren, die untere Hälfte aushöhlen. Tomatenwürfel mit den Lauchzwiebeln, Balsamicoessig, Olivenöl, Meersalz, Zucker, Pfeffer und Basilikum als Salat anmachen. Sobald der Salat Wasser gezogen hat, in einem Sieb abtropfen lassen und mit einem kleinen Löffel in die ausgehöhlten Mozzarellahalbkugeln füllen. Die Hälften aufeinander setzen, mit einem langen Holzspieß fixieren und ins Gefrierfach geben, bis sie wieder gefroren sind und zusammenkleben.

Kalte Tomatensauce mit dem pflanzlichen Gelatinepulver unter ständigem Rühren einmal aufkochen. Die gefrorenen Mozzarellakugeln ca. 10 Sekunden in die kochende rote Masse (mind. 85 °C) tauchen. Danach abkühlen lassen.

Ciabatta-Brotchips 4 lange Scheiben Ciabatta-Brotchips 185

Rucola-Vinaigrette 1 Bund Rucola | 20 g Kartoffelfond 170 | 20 g Olivenöl | Zitronensaft | Meersalz | Zucker

Den Bund Rucola kurz in Salzwasser blanchieren, in Eiswasser abschrecken und gut auspressen. Mit dem Pürierstab alle Zutaten fein mixen.

Fertigstellung Jeden Teller mit zwei Tomatenscheiben und einer Mozzarellascheibe belegen und mit dem restlichen Olivenöl und Balsamicoessig marinieren. Die rote Mozzarellakugel auf die Mozzarellascheibe legen und das geröstete Ciabattabrot hinzugeben. Mit dem grünen Strunk einer echten Tomate sieht die Mozzarellakugel selbst wie eine echte Tomate aus.

Nach Belieben mit Rucola-Vinaigrette, Oliven, Basilikumblättern und Tomatensalat (übrige Füllung der Kugeln) garnieren.

174
170
179

Münsterkäse in der Pellkartoffel
mit Endiviensalat in Feigensenf-Marinade

Gefüllte Pellkartoffel

8 mittlere, gekochte Pellkartoffeln | 120 g Münsterkäse ohne Rinde | 30 g flüssige Butter

Von den Pellkartoffeln einen Deckel abschneiden und die Kartoffeln vorsichtig aushöhlen.

Münsterkäse in die ausgehöhlten Kartoffeln einfüllen, Deckel darauflegen, mit der flüssigen Butter bestreichen und im Backofen bei 140 °C ca. 8 Minuten erwärmen. Die Kartoffeln müssen schön heiß und der Käse geschmolzen sein.

Endiviensalat

40 g Grundvinaigrette 174 | 25 g Feigensenf | 60 g geputzter Endiviensalat

Grundvinaigrette mit Feigensenf aufmixen und den Endiviensalat damit marinieren.

Den Salat mit den warmen Kartoffeln anrichten.

Fertigstellung

30 g Kartoffelfond 170 | 1 Messerspitze Kümmel | 15 g Walnussöl | 15 g Kräuterpüree 179

Kartoffelfond mit Kümmel, Walnussöl und Kräuterpüree verrühren und auf dem Teller als kleine Faden anrichten.

Mit dreierlei Fruchtsenf, z. B. Aprikose, Feige und Orange, ausgarnieren.

TIPP

Pellkartoffeln

Kartoffeln so aussuchen, dass sie in etwa den gleichen Durchmesser haben.

Zum Säubern eignet sich sehr gut die raue Seite eines Schwamms oder eine Bürste. Lauwarmes Wasser verwenden, danach in kaltem Wasser nachwaschen.

Topf nur zu ¾ mit Wasser auffüllen, die restlichen Kartoffeln garen durch den Dampf. Pellkartoffeln können auch im Dampfgarer gegart werden.

Kartoffeln auf jeden Fall heiß schälen, dann erwischt man wirklich nur die Schale.

Die Schale von Kartoffeln ist aromatisch und kann verzehrt werden.

184
174
182

Sandwich vom Taleggio-Käse
mit Ofentomaten, Rucolasalat und Auberginenpüree

Sandwich	4 Scheiben Tramezzini-Brot (oder 8 Scheiben Vollkorntoast ohne Rinde) | 180–200 g Taleggio-Käse ohne Rinde | 20 getrocknete Tomatenzungen | Thymian, gehackt | Rosmarin, gehackt | 20 g Brösel oder Weißbrotkrumen, getrocknet
	Tramezzini-Brot (oder Vollkorntoast) mit Hilfe eines Plattierers etwas flach klopfen, mit den getrockneten Tomaten und dem Taleggio-Käse belegen. Die fein gehackten Kräuter und die Weißbrotkrumen (diese saugen die Flüssigkeit auf) darüber streuen, mit der zweiten Scheibe belegen und fest in Klarsichtfolie pressen.
Auberginenpüree	1 violette Aubergine | Meersalz | Pfeffer aus der Mühle | Thymian oder Rosmarin | Olivenöl | Zitronensaft
	Aubergine halbieren, einschneiden, mit Meersalz und Pfeffer würzen, mit Thymian und Rosmarin belegen, in Olivenöl anbraten und im Backofen bei 180 °C Umluft ca. 25 Minuten garen. Anschließend das weiche Fruchtfleisch auskratzen und fein hacken – es sollte eine cremige Konsistenz haben. Das Ganze mit Meersalz und Zitronensaft abschmecken.
Ofentomaten	184
Rucolasalat	100 g geputzter Rucolasalat | 30–40 g Balsamico-Dressing 174
	Salat mit dem Dressing marinieren.
Fertigstellung	Das Taleggio-Sandwich in einer Teflonpfanne mit etwas Olivenöl herausbraten, halbieren und mit dem marinierten Rucola sowie dem Auberginenpüree anrichten.
	Dazu passen gegrillte Auberginenscheiben und Rucolasorbet 182.

174
185
178

Spargelsalat
mit emulgierter Spargel-Vinaigrette und Brunnenkresse

Spargelsalat	400 g gekochter weißer Spargel, Handelsklasse 1 (siehe unten)
Spargel-Vinaigrette	120 g Spargel-Vinaigrette 🔽 174 | Meersalz | Zucker

Lauwarme Spargelstangen mit Meersalz und Zucker marinieren und auf einem Teller anrichten. Anschließend die Spargelstangen mit der Vinaigrette überziehen.

Spargel-Tagliatelle	2 rohe Spargelstangen | 20 g Weißweinessig | 20 g Sonnenblumenöl | Meersalz | Zucker

Rohe Spargelstangen mit dem Sparschäler hauchdünn zu „Tagliatelle" hobeln. Mit dem Essig, Öl, Meersalz und Zucker 5 Minuten marinieren. Dann die Tagliatelle mit einer Pinzette oder Gabel zu Nestern drehen.

Fertigstellung	50 g geputzte Brunnenkresse | 8 getrocknete, hauchdünne Brotchips 🔽 185

Die geputzte Brunnenkresse ebenfalls mit der Spargel-Vinaigrette marinieren und mit den Brotchips auf dem Teller anrichten.

Als Garnitur passt grüner Spargel, in Tempurateig 🔽 178 gebacken.

TIPP

Spargel richtig kochen

1 l Wasser mit 15 g Salz und 15 g Zucker aufkochen. Spargel ins kochende Wasser geben, nochmals kurz aufkochen und vom Herd nehmen. Der Spargel gart langsam im abkühlenden Wasser und erreicht nach 20 Minuten den richtigen Garpunkt. Auch wenn er länger im Sud liegt, verkocht er nicht!

182
178

Karamellisierter Ziegenfrischkäse
mit gegrillter Wassermelone und Melonen-Honig-Sorbet

Gegrillte Wassermelone	12 Würfel Wassermelone à 3 cm Kantlänge ohne Kerne | Puderzucker | 60 g Honig | Chilipulver | 50 ml Portwein (weiß) | 8 Blätter Minze

Melone entkernen und in Würfel schneiden, mit Puderzucker, Honig und etwas Chilipulver bestreuen, im Backofen (oberste Schiene) bei Oberhitze oder mit einem Bunsenbrenner karamellisieren lassen.

Die Melonenwürfel in eine Schüssel geben, weißen Portwein und frische Minze dazugeben und luftdicht verschlossen 12 Stunden ziehen lassen. Vor dem Servieren mit Oberhitze nochmals erwärmen.

Karamellisierter Ziegenfrischkäse	8 x 30 g fester Ziegenfrischkäse in Scheiben | 40–50 g brauner Zucker

Die Ziegenfrischkäsescheiben mit braunem Zucker bestreuen und mit einem Bunsenbrenner – wie auf dem Foto unten – karamellisieren.

Melonen-Honig-Sorbet	4 Nocken vom Melonen-Honig-Sorbet 182
Fertigstellung	40 Pinienkerne, geröstet | Minz-Julienne

Käse zusammen mit Melone und Sorbet anrichten und mit Minz-Julienne und gerösteten Pinienkernen garnieren.

Dazu passen hauchdünne Safran-Grissini 178.

171
174
182
185

Erdgemüse in Senfkörnermarinade
mit pochiertem Bio-Stunden-Ei auf Rosenkohllaub

Gemüse	1 Biokarotte	1 Beta Sweet Karotte	1 Rote Bete, gekocht, ohne Schale	½ Kohlrabi	¼ Knollensellerie	2 gekochte blaue Kartoffeln	0,7 l Geflügelfond 171	120 g Rosenkohlblätter

Gemüse schälen und im Geflügelfond so lange kochen, bis es einen leichten Biss hat. Blaue Kartoffeln und Rote Bete separat kochen. Auskühlen lassen. Danach das ganze Gemüse in Plättchen/Scheiben schneiden. Rosenkohlblätter knackig blanchieren und in Eiswasser abschrecken.

Pochierte Bio-Stunden-Eier

4 Bio-Eier

Parallel dazu die Eier bei 63 °C Wassertemperatur 1 Stunde im Wasser oder Dampfgarer in der Schale kochen.

Senfkörnermarinade

150 g Kartoffel-Weißweinessig-Dressing 174 | 30 g weiße Senfkörner, eingelegt 184 | Schnittlauch | Petersilie

Kartoffel-Weißweinessig-Dressing erwärmen. Kräuter untermischen und die Gemüsescheiben lauwarm marinieren.

Etwas Dressing für den Rosenkohl aufbewahren.

Fertigstellung

12 gebackene Frühlingsrollen-Teigblätter mit verschiedenen Körnern 185 | Meersalzflocken | Pfefferschrot | Kerbel | Sakurakresse

Rosenkohlblätter mit restlicher Marinade ebenfalls marinieren und in der Tellermitte anrichten. Eier aufschlagen und auf dem Rosenkohl anrichten. Mit den knusprigen Teigblättern garnieren. Das Ei mit groben Meersalzflocken und Pfefferschrot bestreuen. Mit Kerbel und Sakurakresse garnieren.

178
185
181
186

Kartoffelbrot-Lasagne mit Fourme d'Ambert
auf Rote-Bete-Salat mit grünem Apfelgelee

Brotchips	12 Scheiben Brotchips 185 vom Staufenecker Kartoffelbrot 178
Kartoffelbrot-Lasagne	300 g Fourme d'Ambert (oder Bavaria blue) | Streifen vom grünen Apfel
	Fourme d'Ambert zerbrechen und schichtweise zwischen die Brotchips legen. Käse jeweils mit Streifen vom grünen Apfel belegen.
Rote Bete-Carpaccio	2 kleine Rote Bete, gekocht, ohne Schale | 30 g Rote-Bete-Saft vom Kochen | 10 g Rotweinessig | 10 g Haselnussöl | Meersalz | Pfeffer aus der Mühle
	Gekochte Rote Bete in dünne Scheiben schneiden und wie ein Carpaccio kreisrund anrichten. Rote-Bete-Saft mit Essig und Nussöl verrühren, abschmecken und auf dem Carpaccio anrichten.
Apfelgelee	181
Rote-Bete-Luft	185
Fertigstellung	Kartoffelbrot-Lasagne kurz im Backofen erwärmen (Käse sollte leicht zerlaufen), auf Rote-Bete-Carpaccio mit grünem Apfelgelee anrichten. Gelee dazu in Rauten schneiden oder Formen ausstechen. Mit Streifen vom grünen Apfel, Kräutern und Rote-Bete-Luft garnieren.

Rollmops von der Makrele (Steckerlfisch)
im Escabeche-Sud

Rollmops
: 4 Makrelenfilets, grätenfrei, ohne Haut und Fett, in 8 Streifen geschnitten | 1 l Escabeche-Sud 172 | 50 g kalte Butter | Zahnstocher

Dünne Streifen der Makrele als Spirale aufrollen und mit Zahnstochern fixieren.

Escabechesud auf 43 °C erhitzen, auf die fixierten Röllchen gießen und 24 Stunden ziehen lassen. Röllchen herausnehmen und separat auf einem Teller im Backofen bei 140 °C ca. 4 bis 5 Minuten erwärmen. Sud abpassieren. Davon 100 ml auf die Hälfte reduzieren und mit der kalten Butter mixen.

Gemüse
: 250 g Rohkostgemüse, dünn geschnitten oder gehobelt (z. B. Blumenkohl, Staudensellerie, Karotte, Fenchel, Zucchini, Paprika) | 20 g Olivenöl | 1 Spritzer Zitronensaft | etwas Zitronenabrieb | Meersalz | Zucker

Roh geschnittenes Gemüse mit Zucker, Meersalz, Zitronenabrieb und -saft sowie Olivenöl marinieren.

Fertigstellung
: Das Gemüse in einen Ring fest anpressen. Den Spieß der Makreleröllchen entfernen und das Filet auf dem Gemüse anrichten. Den Sud heiß angießen.

Als Garnitur passen kleine, eingelegte Zwiebelschiffchen, Kresseblätter und Piment d'Espelette (mildes Chilipulver).

Tellersülze mit Allerlei vom geräucherten Lachs

Tellersülze (ca. 12 Teller)

½ Gurke mit Schale, entkernt, in Würfeln | ½ Gurke ohne Schale, entkernt, in Würfeln | 150 g Schmand | 50 g Dill, gezupft | 20 g Wasabi | 1 Spritzer Weißweinessig | 9 Blatt Gelatine | Zucker | Meersalz

Gurkenwürfel, Dill, Schmand, Wasabi und saure Sahne mit dem Pürierstab mixen. Mit einem Spritzer Weißweinessig, Wasabi, Zucker und Meersalz abschmecken. Eingeweichte Gelatine mit wenig Wasser erwärmen und zur Gurkencreme geben. Dann hauchdünn auf die Teller gießen und erkalten lassen.

Gurken-Tagliatelle

½ Gurke, ohne Schale und Kerne | 25 g Schmand | 20 g Zucker | Meersalz | Dill | Peffer | Weißweinessig

Aus der Gurke mit dem Sparschäler hauchdünn lange „Tagliatelle" hobeln. Die Gurkennudeln mit Schmand, Zucker, Meersalz, Dill und einem Spritzer Essig marinieren und mit Hilfe einer Pinzette oder Gabel zu Nestern drehen.

Lachsröllchen mit Wachtelei und Lachskaviar

4 gekochte Wachteleier (Kochzeit 2 Minuten 50 Sekunden) | 4 Scheiben geräucherter Lachs, ca. 1,5 cm breit und 7 cm lang | Lachskaviar

Wachteleier schälen, oben abschneiden, mit den Lachsstreifen einwickeln und mit Lachskaviar garnieren.

Lachs-Tagliatelle

1 große Scheibe geräucherter Lachs, ca. 15 cm lang und 10 cm breit

Die große Lachsscheibe längs in schmale Streifen schneiden und mit der Pinzette oder Gabel zu kleinen Nestern aufdrehen.

Lachs-Brot-Lasagne

12 Quadrate vom geräucherten Lachs, ca. 2 x 2 cm | 8 kleine Brotchips 185 | 15 g Mischkresse, gezupft | Meerrettichstreifen, frisch gehobelt/geschnitten

Jeweils 3 Lachsquadrate mit Kresse, Brotchips und Meerrettichstreifen schichtweise zu Türmchen aufschichten.

Lachstatar

60 g Lachs von den Abschnitten | Zitronenabrieb | Schnittlauch

Die Lachsabschnitte fein zu Tatar hacken, mit Zitronenabrieb und Schnittlauch abschmecken und zu kleinen Nocken formen.

Fertigstellung

Die verschiedenen Lachskomponenten zusammen mit den Gurkentagliatelle anrichten. Restliche Kresse und Kaviarperlen als Garnitur verwenden.

TIPP

Lachs selber beizen/räuchern!

Für 1 kg frischen Lachs

12,5 g Zucker | 12,5 g Pfeffer (weiß/schwarz, geschrotet) | 40 g Meersalz | 10 g Wacholder (geschrotet) | 10 g Tannennadeln | 25 g Kräuter (Petersilie, Dill, Kerbel) | Abrieb von ½ Orange und ½ Zitrone

Alle Zutaten mischen und den Lachs damit von beiden Seiten einreiben. Abdecken und 3 Tage kühl beizen. Lachs mit einem Tuch abreiben, dünn aufschneiden oder räuchern.

170
171
184

✻✻✻

Seezungenstreifen in der Zucchiniblüte
Vinaigrette von Strauchtomaten und Basilikum,
weißer Tomatenschaum und Couscous-Nocken

Seezungenstreifen in der Zucchiniblüte	1 große Atlantikseezunge, 600–700 g, davon das Filet (4 Streifen à ca. 65 g)	8 große Zucchiniblüten ohne Frucht, nur die Blüten, halbiert und blanchiert

Seezungenstreifen in die blanchierten Zucchiniblüten einschlagen, würzen und in der beschichteten Pfanne herausbraten.

Vinaigrette von Strauchtomaten und Basilikum

3 Strauchtomaten, ohne Haut, in Würfeln | 30 ml weißer Tomatenfond 🥄 170 | 30 ml roter Tomatensaft | Meersalz | Zucker | 25 g weißer Essig | 30 g Olivenöl | Chiliöl

Aus den Tomatenwürfeln, dem Tomatenfond und -saft, Meersalz, Zucker, Essig sowie Oliven- und Chiliöl eine Vinaigrette rühren.

Couscous-Nocken

Ras el-Hanout (marokkanisches Couscous-Gewürz) | 20 g Olivenöl | 200 g Geflügelfond 🥄 171 | 100 g Couscous | 10 g Olivenöl | 10 g Arganöl | Saft von ½ Zitrone | Basilikumblätter

Ras el-Hanout in etwas Olivenöl erwärmen (ca. 30 °C), mit dem Geflügelfond aufkochen und auf den rohen Couscous gießen. Es sollte gut bedeckt sein (ca. 3 mm). Mit Folie abdecken und ca. 5 Minuten ziehen lassen. Folie abnehmen und gut durchrühren, damit der Couscous trocken und luftig wird. Kurz vor dem Servieren mit Argan- und Olivenöl sowie Zitronensaft abschmecken. Mit zwei kleinen Löffeln zu Nocken formen und mit Basilikumblättern garnieren.

Weißer Tomatenschaum

0,1 l Noilly Prat | 300 ml weißer Tomatenfond 🥄 170 | 30 g kalte gesalzene Butter | ein Hauch Pfeilwurzelmehl

Noilly Prat aufkochen und um die Hälfte reduzieren. Tomatenfond hinzugeben und alles auf 0,1 l reduzieren. Mit dem Pfeilwurzelmehl abbinden, kalte Butter dazugeben und mit dem Zauberstab aufmixen.

Fertigstellung

Gebratene Seezungenstreifen mit der Vinaigrette und dem Basilikum-Couscous auf einem Teller anrichten. Weißen Tomatenschaum angießen und nach Belieben mit Zucchini und Tomaten garnieren.

Dazu passt eine gefüllte Seezungenroulade 🥄 184.

TIPP

Pfeilwurzelmehl Da Pfeilwurzelmehl bei niedrigerer Temperatur (ca. 65°C) eindickt als alternative Speisestärkeprodukte wie Mehl, Mais- oder Kartoffelstärke, eignet es sich besonders gut für alle Saucen, Puddings, Gelees und Glasuren, die nicht kochen dürfen.

Aber das Pfeilwurzelmehl hat noch mehr Vorteile: Während andere Speisestärke die angedickte Flüssigkeit oft trüb und milchig macht, bleibt mit Pfeilwurzelmehl die ursprüngliche Klarheit erhalten. Außerdem dickt es schneller und stärker ein und ist auch noch leichter verdaulich.

Terrine von Meeresfrüchten und Scampi
Gefüllte Calamaretti, gerösteter Oktopus, Limonen-Vinaigrette

Meeresfrüchteterrine	100 g gekochter Oktopus 184	100 g gekochte Sepia	4 gebratene Scampi, in Würfeln	Meersalz	Pfeffer aus der Mühle	200 ml Fischfond 170	1 Messerspitze Safranfäden	3 Blatt eingeweichte Gelatine

Gekochten Oktopus und Sepia sowie gebratene Scampiwürfel würzen.

Fischfond mit Safranfäden auf 50 ml reduzieren. Die eingeweichte Gelatine im lauwarmen Fischfond auflösen und auf die Meerestiere gießen. Alle Zutaten mit dem Fond in eine passende Terrinenform (0,5 l) fest einpressen. Mit einem Gewicht beschweren, erkalten lassen und schneiden.

Die Terrinenform kann davor mit rohen, hauchdünn geschnittenen Zucchinischeiben ausgelegt werden.

Gefüllte Calamaretti	20 g Paprika	20 g Zucchini	1 Toastbrotscheibe	1 Eigelb	1 EL Paniermehl	1 Zitronenfilet, in feinen Würfeln	wenig Zitronenabrieb	Petersilie	4 kleine geputzte Calamarettis, in feinen Würfeln	20 g Olivenöl mit Knoblauch

Paprika, Zucchini und Toastbrotscheibe in Miniwürfel schneiden und kurz anbraten, alle Zutaten mischen und mit einem Einweg-Spritzsack (oder einem großen Gefrierbeutel mit abgeschnittener Ecke) in die Calamaretti füllen. Mit einem Zahnstocher schließen und in Olivenöl mit Knoblauch herausbraten.

Oktopus-Fangarme	8 kleine Oktopus-Fangarme, gekocht, halbiert	Olivenöl	Meersalz	Zitrone

Fangarme ebenfalls in der Grillpfanne mit Olivenöl braten, mit Meersalz und Zitrone würzen.

Limonen-Vinaigrette	174

Fertigstellung	Limonen-Vinaigrette hauchdünn auf den Teller gießen. Zutaten darauf anrichten. Dazu schmeckt Orangen-Fenchel-Salat 175 und Chorizo.

174
179
186

Zanderschnitte mit kross gebratener Haut
Erbsen-Speck-Vinaigrette, Affila-Kresse, Kopfsalatcreme, Frühlingsgemüse und Wachtelei

Zander	4 Zanderschnitten à 70–80 g (Mittelstück mit Haut, Haut eingeschnitten) | Meersalz | Pfeffer aus der Mühle
	Zander mit Meersalz und Pfeffer würzen, anschließend in einer Teflonpfanne knusprig braten, dabei 80 Prozent der Bratzeit auf der Haut braten.
Erbsen-Speck-Vinaigrette	80 g blanchierte enthülste Erbsen | 1 Schalotte, in sehr kleinen Würfeln, kurz blanchiert | 2 kleine Minzblätter | 60 g Kartoffel-Weißweinessig-Dressing 174 | 5 Tropfen Rauchöl | 30 g knuspriger Speck, in sehr kleinen Würfeln
	Erbsen mit Schalottenwürfeln, 2 Minzblättern, Kartoffel-Weißweinessig-Dressing und Rauchöl marinieren. Kurz vor dem Servieren die Speckwürfel untermischen.
Wachteleier	4 Wachteleier | Fleur de Sel
	Die Wachteleier 2 Minuten 50 Sekunden in sprudelndem Salzwasser wachsweich kochen, in Eiswasser 4 bis 5 Minuten abschrecken und pellen. Anschließend halbieren. Mit Fleur de Sel würzen.
Frühlingsgemüse	2 kleine Radieschen | 1 kleine Karotte, in Schleifen geschnitten | 4 blanchierte Kaiserschoten | 12 kleine Kopfsalatherzen | 40 g Grundvinaigrette 174 | 100 g Kopfsalatcreme 179
	Radieschen, Karottenschleifen, blanchierte Kaiserschoten und Kopfsalatherzen mit Grundvinaigrette marinieren.
Kopfsalatcreme	179
Fertigstellung	Kopfsalatcreme als Streifen auf den Teller streichen. Das marinierte Gemüse und die Wachteleier darauf anrichten. Erbsen-Speck-Vinaigrette ebenfalls auf den Teller setzen, Fisch darauf platzieren.
	Dazu passen getrocknete Pancetta-Speck-Rosen 186.

Seeteufelmedaillon

mit Avocadocreme, Passionsfrucht-Orangen-Vinaigrette und kleinem Frühlingssalat

Seeteufelmedaillon	320 g Seeteufel am Stück | Meersalz | Pfeffer aus der Mühle

Seeteufelstrang mit Meersalz und Pfeffer würzen und in einer beschichteten Pfanne anbraten. Auf 44 °C im Kern glasig garen, ca. 5 bis 10 Minuten ruhen lassen.

Avocadocreme	1 Avocado | 30 g Olivenöl | ½ Knoblauchzehe | 1 Messerspitze Curry | ½ Knoblauchzehe | 1 Messerspitze Kreuzkümmel | Saft von 1 Zitrone | 4 Korianderblätter | Meersalz | Pfeffer aus der Mühle | 1 Messerspitze Chili

Avocado von Schale und Kern befreien und mit dem Messer grob zerkleinern.

Olivenöl auf 30 °C erwärmen, Knoblauch und Curry einstreuen und kurz mitrösten. Diese Mischung mit Kreuzkümmel, Zitronensaft und Korianderblättern zum Avocadofleisch geben und die Creme mit Meersalz, Pfeffer und Chili abschmecken.

MIt einem Löffel kleine Nocken ausstechen und auf dem Teller anrichten.

Salat	2 Fingermöhren, roh geschält, in dünnen Streifen | ½ Fenchel, dünn gehobelt | 20 g Brunnenkresse | 20 g roter Mangold | 20 g junger Spinat
Passionsfrucht-Orangen-Vinaigrette	120 ml Passionsfrucht-Orangen-Vinaigrette 174

Das Rohkostgemüse und die Blattsalate mit einem Teil der Vinaigrette marinieren. Mit dem Rest den Seeteufel ansaucieren.

Dazu passt Maisessiggelee 181 und salziges Popcorn.

184
178
182

Thunfischsalat „Burg Staufeneck"

Kartoffel-Gemüse-Salat	80 g gekochte Kartoffelwürfel | 30 g gekochte weiße Bohnen | 30 g gekochte grüne Bohnen | 4 Snocciolate-Oliven ohne Stein | 12 Ofentomatenzungen, in Würfeln 184 | 40 g gelbe Sauce Rouille 175 | 1 Spritzer Weißweinessig

Kartoffelwürfel mit weißen und grünen Bohnen, Oliven, Tomatenwürfeln, Rouille und Weißweinessig marinieren.

Thunfischsteaks

4 Thunfischsteaks à 50 g | Meersalz | Öl zum Braten

Thunfischsteaks würzen und in einer Grillpfanne mit Muster kurz braten. Der Fisch soll innen schön glasig, gerne auch roh sein.

Thunfischröllchen

2 Scheiben von rohem Thunfisch (ca. 12 cm lang, 8 cm breit, 2,5 mm dick) | Meersalz | 2 cl Arganöl

Die Thunfischplatten in schmale Streifen schneiden und aufrollen (z. B. mit einer Pinzette). Die Röllchen kurz vor dem Anrichten mit Meersalz und Arganöl marinieren.

Gebackene Oliven und Kapernäpfel

4 Snocciolate-Oliven ohne Stein | 4 kleine Kapernäpfel | 4 Ofentomaten 184 | 4 Thymianzweige | 30 g Tempurateig (angerührt) 178

Oliven, Kapernäpfel und Ofentomaten mit den Thymianzweigen aufspießen und im Tempurateig herausbacken.

Fertigstellung

16 gekochte lange Bohnenstreifen | 20 geputzte Salatherzen-Blätter | 4 Thymianzweige

Bohnenstreifen als Rechteck auf dem Teller anrichten. In der Mitte den Kartoffel-Gemüse-Salat, darauf das Fischfilet platzieren.

Teller mit Thunfischröllchen, Salatherzen-Blättern und gebackenen Thymianspießen ausgarnieren.

Dazu schmeckt Extra-Virgin-Olivenöl-Sorbet 182.

172
185

✱✱✱

Karamellisierte Lachsforelle auf Safran-Mixed-Pickles

Rettich-Cannelloni, gefüllt mit Lachsforellentatar

Mixed-Pickles	6 Radieschen	½ Gurke	¼ Kopf Blumenkohl	2 Karotten	2 weiße Zwiebeln	ca. 20 Kaiserschoten	10 Minimais	¼ Kopf Brokkoli	2 Staudensellerie	1 EL Senfkörner	Safranfäden	Mixed-Pickles-Sud 172

Gemüse relativ dünn und gleichmäßig schneiden. Senfkörner und Safranfäden zum Gemüse geben und mit dem kochenden Mixed-Pickles-Sud übergießen. Einmal aufkochen und einglasen. Ca. 12 Stunden ziehen lassen.

Karamellisierte Lachsforelle	400 g Lachsforellenfilet (ohne Haut, Bauchlappen und Gräten. 100 g für das Tatar zur Seite legen.)	Zitronenabrieb	Meersalz	Pfeffer aus der Mühle	Butter	brauner Zucker

Fischfilet mit Zitronenabrieb, Meersalz und Pfeffer würzen, in Frischhaltefolie fest eindrehen, evtl. mit Alufolie nachdrehen. Bei 42 °C Wassertemperatur 20 bis 25 Minuten je nach Dicke garen und in Eiswasser abkühlen. Fischfilet schneiden und auf einem gebutterten Teller mit Folie bedeckt im Backofen bei 60 °C ca. 15 Minuten temperieren. Kurz vor dem Servieren mit braunem Zucker bestreuen und mit einem Bunsenbrenner karamellisieren.

Rettich-Cannelloni	100 g Lachsfilet, fein gehackt	ca. 15 g Zitronenöl	Meersalz	frischer Dill	Koriander	Zitronenabrieb	Chiliöl	Tabasco	Streifen vom weißen Rettich

Den gehackten Fisch mit den Zutaten zu einem Fischtatar verarbeiten. Mit Hilfe eines Einwegspritzsackes in den eingesalzenen Rettich einrollen und anschließend in die gewünschte Länge schneiden.

Mixed-Pickles-Gemüse erwärmen, karamellisierte Filets darauf anrichten. Mixed-Pickles-Fond aufkochen und mit etwas Pfeilwurzelmehl abbinden. Den Sud zu Fisch und Gemüse angießen.

Fertigstellung	Nach Belieben z. B. mit einem Teigblatt 185 und etwas Kräutersalat garnieren.

Zweierlei vom Bachsaibling
mit grünem Gurken-Tapioka, eigenem Kaviar und Sauerrahmschaum

Gebratener Bachsaibling	160 g Bachsaiblingsfilet, grätenfrei, mit Haut, geschuppt	Meersalz	Pfeffer aus der Mühle	Öl

Geschupptes Saiblingsfilet kreuzweise einschneiden (siehe Fotos unten), würzen und in einer beschichteten Pfanne saftig braten. Die Hautseite soll schön kross sein.

Saiblingsroulade

160 g Bachsaiblingsfilet, grätenfrei ohne Haut und Fett | Meersalz | Pfeffer aus der Mühle | Butter

Saiblingsfilet ohne Haut würzen und in Klarsichtfolie fest einrollen. Bei 40 °C Wassertemperatur 25 Minuten garen und in Eiswasser abschrecken. Anschließend schneiden und auf einem gebutterten Teller mit Folie abgedeckt bei 60 °C ca. 20 Minuten erwärmen.

Gurken-Tapioka

50 g grüne Tapioka-Perlen | 2 l Wasser | Meersalz

Die Perlen im gesalzenen Wasser abkochen, dabei ca. 15 Minuten lang nicht umrühren, danach aus dem Wasser schöpfen und in kaltem Wasser abkühlen lassen.

400 ml Wasser | Zucker | 50 g weißer Champagneressig | 100 g Olivenöl | 100 g eingesalzene Gurkenwürfel | 50 g grüner Apfel, in Würfeln | 50 g Puderzucker

Das Wasser mit Zucker und Essig verrühren und das Öl langsam einlaufen lassen. Die gekochten Tapioka-Perlen mit den Gurken- und Apfelwürfeln vermischen und zu der Wassermischung geben.

Gurken-Tagliatelle

½ Gurke, ohne Schale und Kerne | 25 g Schmand | 20 g Zucker | Meersalz | Dill | Peffer | Weißweinessig

Aus der Gurke mit dem Sparschäler hauchdünn lange „Tagliatelle" hobeln. Die Gurkennudeln mit Schmand, Zucker, Meersalz, Dill und einem Spritzer Essig marinieren und mit Hilfe einer Pinzette oder Gabel zu Nestern drehen.

Sauerrahmschaum

25 g saure Sahne | 25 g Milch | Meersalz | Zucker | Zitronensaft

Saure Sahne und Milch mit Meersalz, Zucker und Zitronensaft abschmecken und mit dem Zauberstab aufmixen.

Fertigstellung

25 g Saiblingskaviar

Das Gericht mit dem Sauerrahmschaum und Saiblingskaviar ausgarnieren.

171
180
178
186

Schichttorte von Geflügelleber und Espresso mit Senffrüchten, schwarzem Nusspesto und Linsenpapier

Schichttorte

500 g rohe Geflügelleber | Butter | 40 g Schalotten, in Streifen | 50 g Apfel, in Scheiben, ohne Kernhaus und Schale | 30 g Madeira | 30 g Calvados | 30 g Portwein, rot | ¼ l dunkler Kalbsfond 171 | ⅛ l Milch | Meersalz | 1 Prise Muskat | 1 Messerspitze Pastetengewürz | Pfeffer aus der Mühle | 3 ½ Blatt Gelatine | 70 g Gänsestopfleber | 30 g Butter | 125 g geschlagene Sahne | 4 Scheiben Vollkorn- oder Früchtebrot als Unterbau für den Rahmen

Geflügelleber in brauner Butter anbraten. Schalotten und Apfel dazugeben, ebenfalls anschwitzen, mit Alkohol ablöschen und reduzieren lassen. Fond dazugeben und ca. um die Hälfte reduzieren. Die Milch dazugeben und mit Meersalz, Muskat, Pastetengewürz und Pfeffer kräftig abschmecken. Die eingeweichte Gelatine und die in Würfel geschnittene Gänsestopfleber in die heiße Masse geben und im Mixer ganz fein pürieren. Auf Eis stellen, unter Rühren auf 20 °C abkühlen und die geschlagene Sahne unterheben. Eine Kastenform mit Brot auslegen. Die Masse einfüllen und stocken lassen.

Espressomousse

0,2 l starker Espresso | 40 g brauner Zucker | 1 Messerspitze Vanille | etwas Meersalz | Orangenabrieb | 3 Blatt Gelatine | 100 g geschlagene Sahne | 70 g Bio-Gänsestopfterrine | 250 g Senffrüchte-Kompott mit Flüssigkeit (alternativ: 100 g Früchtesenf + 150 ml Orangensaft) | 3 Blatt Gelatine

Den heißen Espresso mit Zucker, Vanille, Orangenabrieb und Meersalz abschmecken, eingeweichte Gelatine dazugeben, auf Eis abkühlen lassen, dann wie zuvor Sahne unterheben. Die Espressomousse auf die gestockte Lebermasse gießen und fest werden lassen.

Senffrüchte

Anschließend das Senffrüchtekompott erwärmen, eingeweichte Gelatine darin auflösen, erkalten lassen, als letzte Schicht in die Form gießen und festwerden lassen.

Fertigstellung

Schwarzes Nusspesto 180 | Linsenpapier 178 | Staufenecker schwarze Nüsse 186 | marinierte Pilze

Schichttorte aus der Form lösen und portionieren. Nach Belieben mit Nusspesto, Linsenpapier, karamellisierten Nüssen und marinierten Pilzen anrichten.

TIPP

Gänseleberschnitte

Damit die Masse beim Einfüllen schnell stockt, die ausgelegte Kastenform mit dem Brotboden in das Tiefkühlfach stellen.

171
170
174
179
185
186

✳✳✳

Kalbsbries auf marinierten Kalbsbrustscheiben mit Linsen

| Geschmorte Kalbsbrust | Ca. 2 kg ausgelöste Kalbsbrust ohne Knochen | 180 g weiße Zwiebeln | 60 g Karotten | 60 g Staudensellerie | 30 g Lauch – alles in Würfeln | 2 Knoblauchzehen | 30 g Sonnenblumenöl | 0,4 l Rotwein | ½ TL Tomatenmark | 1 Thymianzweig | 10 Pfefferkörner | 1 Messerspitze Kümmel | 1 Messerspitze Rosenpaprika | 150 g Speck | 50 g dunkler Balsamico | 2,5 l dunkler Kalbsfond oder Geflügelfond 🔖 171 | 1 EL Senfkörner | Meersalz | ½ TL Dijon-Senf | 0,2 l reduzierter Schmorfond | 2 g Agar-Agar | 3 Blatt Gelatine

Kalbsbrust würzen und von allen Seiten in Öl anbraten. In Würfel geschnittenes Wurzelgemüse dazugeben. Kalbsbrust herausnehmen. Tomatenmark in das Gemüse einrühren und bräunen. Knoblauch, Kräuter und Gewürze dazugeben, kurz mitrösten. Mit dem Rotwein nach und nach ablöschen, jeweils dazwischen reduzieren lassen. Balsamico, Kalbsbrust, Speck und Kalbsfond hinzugeben, einmal aufkochen und über Nacht bei 80 °C Ober-/Unterhitze 10 bis 12 Stunden ziehen lassen. Wenn die Brust weich ist, herausnehmen, von Fett säubern und abkühlen lassen. In 1 cm große Würfel schneiden.

Den Fond entfetten, passieren und ¾ l davon auf ¼ l reduzieren lassen. Der restliche Fond kann nochmals aufgekocht, in ein fest schließendes Glas abgefüllt, aufbewahrt und für andere Gerichte verwendet werden.

Agar-Agar unter ständigem Rühren zur Reduktion geben. Erhitzen, ca. 2 Minuten kochen, eingeweichte Gelatine dazugeben und alles zum geschnittenen Fleisch geben.

Senfkörner und Dijon-Senf hinzufügen, abschmecken und in einen Wurstdarm oder eine mit Klarsichtfolie ausgelegte Terrinenform pressen.

Kalt in dünne Scheiben schneiden.

| Linsen | 120 g gemischte blanchierte Linsen | 40 g Kartoffelfond 🔖 170 | 20 g Traubenkernöl | ½ TL Pommery-Senf | 20 g Rotweinessig | Schnittlauch | etwas frisch geriebener Meerrettich

Blanchierte Linsen mit Kartoffelfond, Pommery-Senf, Rotweinessig, Traubenkernöl, Schnittlauch und frischem Meerrettich marinieren.

| Kalbsbries | 300 g Herzkalbsbries, sauber pariert, gewässert | 30 g Dunstmehl | Butter

Gewässertes, rohes Bries in Scheiben schneiden, in Dunstmehl wenden, würzen und in brauner Butter knusprig braten.

| Fertigstellung | 16 geschmorte Kalbsbrustscheiben als Carpaccio | 50 g Kartoffel-Weißweinessig-Dressing 🔖 174

Dünne Kalbsbrustscheiben mit Kartoffel-Weißweinessig-Dressing marinieren. Mit Linsensalat und Kalbsbries anrichten.

Dazu passen gelbes Linsenpüree 🔖 179, gebackene Kalbskopfchips 🔖 185, Kressemix und aufgeschlagene Senf-Luft 🔖 186.

TIPP

Kalbsbries wird küchensprachlich der Thymus des Kalbs genannt. Das im vorderen Bereich der Brust sitzende, fast weiße Gewebe gehört aufgrund seiner Zartheit und des feinen Geschmacks zu den meist geschätzten Innereien. Bries ist gut gewässert und enthäutet. Am besten geeignet ist das hochwertige Herzkalbsbries.

170
180
185

Carpaccio vom schwäbischen Landrind
mit Linsen-Rettich-Vinaigrette, Tatar und frittiertem Eigelb

Carpaccio	160 g Rinderfilet, in 1 cm großen Würfeln

Rinderfiletwürfel mit Hilfe eines Plattierers oder Topfes zwischen zwei Folien dünn plattieren. Fleischscheiben auf einen Teller legen.

Linsen-Rettich-Vinaigrette

120 g blanchierte kleine Linsen | 20 g Radieschen, in dünne Streifen geschnitten | 40 g Rotweinessig, etwas älter und konzentriert | 50 g Kartoffelfond 170 | 30 g Sonnenblumenöl | Meersalz | Pfeffer aus der Mühle | 1 Prise Zucker | 20 g Lauchringe | 15 g geröstete Sonnenblumenkerne

Blanchierte Linsen und Radieschen mit Rotweinessig, Kartoffelfond, Öl, Meersalz, Pfeffer und einer Prise Zucker zu einer Vinaigrette anrühren. Kurz vor dem Anrichten die Lauchringe hinzugeben.

Carpaccio mit Meersalz und Pfeffer aus der Mühle würzen und mit der Vinaigrette bestreichen.

Die gerösteten Sonnenblumenkerne daraufstreuen.

Tatar

160 g frisches, fein gewürfeltes Rindfleisch für Tatar | 1 Ei | 20 g weiße Zwiebel, in sehr feinen Würfeln, kurz blanchiert | 8 Kapern, fein gehackt | 15 g Cornichons, in feinen Würfeln, ohne Schale und Haut | 10 g Dijon-Senf | 20 g Ketchup | 1 Messerspitze Paprikapulver | Chilipulver | Meersalz | Pfeffer aus der Mühle

Fein geschnittenes Rindfleisch mit dem Ei, Zwiebel, Kapern, Cornichons, Senf, Ketchup, Paprikapulver und Chili zu einem Tatar anmachen. Würzig abschmecken.

Frittiertes Eigelb

4 Eigelbe, paniert mit grünem Mie de Pain 180

Panierte Eigelbe bei 170 °C 30 Sekunden frittieren und auf dem Tatar anrichten.

Fertigstellung

Nach Belieben das Eigelb auf ein gebackenes Teigblatt 185 setzen. Mit Radieschenscheiben und Kresse garnieren.

176
180 ✳✳✳

Zwiebelkuchen mit gefüllten Wachtelkoteletts
Süße Most-Sabayon und Kürbis-Chutney

Zwiebelkuchen	250 g weiße Zwiebel, in Würfeln	1 Messerspitze gemahlener Kümmel	30 g Sonnenblumenöl	Linsen oder Kichererbsen (zum Blindbacken)	250 g Quicheteig 176	Royal 176

Geschnittene Zwiebelwürfel in Sonnenblumenöl farblos anschwitzen. Kümmel dazugeben, mit Meersalz würzen. Kuchenform (ca. 20 cm) ausfetten und mehlieren. Den Teig auswellen und mit Linsen oder Kichererbsen blind backen. Weich gedämpfte Zwiebeln auf den Teig geben, mit Royal bedecken und im Backofen bei 180 °C ca. 15 bis 20 Minuten backen, bis der Royal stockt.

Gefüllte Wachtelkoteletts

2 ganze Wachteln | 40 g Fleischfarce (Kalb) 180 | 20 g Pilze, in Würfeln, gebraten | 30 g getrocknete Früchte (Aprikosen, Feigen, Äpfel etc.), in Würfeln

Wachteln auslösen. Aus den Keulen den ersten Knochen und die Hälfte des zweiten Knochens auslösen und abschneiden. Keule plattieren.

Von der Brust den Flügelknochen entfernen. Farce mit den klein geschnittenen Trockenfrüchten und Pilzwürfeln vermengen und auf die Keulenunterseite geben. Brust auflegen, so dass die Form eines Koteletts entsteht. Mit Zahnstochern fixieren und langsam (zu 80 % auf der Unterseite) braten.

Most-Sabayon

1 ganzes Ei | 1 Eigelb | 100 g Süßmost | 1 Prise Zucker

Alle Zutaten kalt verrühren und auf dem Wasserbad unter ständigem Rühren aufschlagen.

Kürbis-Chutney

120 g Kürbis-Chutney 180

Fertigstellung

Den lauwarmen Zwiebelkuchen mit den tranchierten Koteletts auf einen Teller geben, mit Most-Sabayon und dem Kürbis-Chutney anrichten. Das Chutney mit zwei kleinen Espressolöffeln zu Nocken formen.

Dazu passen ein kleiner Kräuter-Ackersalat und eingelegte rote Zwiebel.

171
176
179
172
186

✳✳✳

Eigelb-Ravioli mit Ragout vom Kalbsbäckchen, Parmesanschaum und Spinatpüree

Kalbsbäckchen-Ragout 600 g Kalbsbacken | Meersalz | Pfeffer aus der Mühle | 60 ml Pflanzenöl | 120 g Zwiebeln | 30 g Karotten | 30 g Staudensellerie | 15 g Lauch | 25 g Tomatenmark, dreifach konzentriert | 1 Knoblauchzehe | 1 Lorbeerblatt | 1 Thymianzweig | 6 weiße Pfefferkörner | 0,5 l Rotwein | 0,2 l Madeira | 1,0 l dunkler Kalbsfond oder Geflügelfond 171 | 1 Scheibe Schwarzbrot

Kalbsbacken mit Meersalz und Pfeffer leicht würzen, im Pflanzenöl braun anbraten und herausnehmen. Das grob geschnittene Gemüse im restlichen Fett anbräunen. Das Fett abgießen, Tomatenmark einrühren und ebenfalls bräunen. Gewürze hinzugeben. Mit dem Rotwein nach und nach ablöschen, jeweils dazwischen reduzieren lassen. Den Madeira hinzugeben und einreduzieren. Die Kalbsbacke hinzugeben, zu ca. ⅔ mit Kalbsfond bedecken, Schwarzbrot zerreiben und dazugeben, einmal aufkochen lassen und im Backofen bei 80 °C mit Deckel 4 bis 5 Stunden schön weich schmoren lassen. Die Kalbsbacken herausnehmen und säubern.

Den Fond durch ein Sieb stoßen und auf ca. 0,25 l reduzieren. Erkaltete Kalbsbacken in Würfel oder Scheiben schneiden, mit Sauce erwärmen und auf dem Teller anrichten.

Nudelteig 150–200 g Nudelteig 176

Eigelb-Ravioli 4 Eigelb | 140 g Spinatpüree 179 | 60 g Butter | 40 g Parmesan | Trüffel, weiß oder schwarz | 1 Ei

Den Nudelteig sehr dünn ausrollen. Mit Hilfe eines Dressierbeutels einen Ring aus Spinatpüree darauf spritzen. In die Mitte das rohe Eigelb geben, mit der zweiten Teigplatte abschließen. Die Seiten mit verrührtem Ei bestreichen und gut festdrücken. Die Ravioli müssen sehr zeitnah produziert werden. Der Teig darf nicht trocknen, sonst wird das Eigelb beim Kochen zu hart.

Die Ravioli ca. 2 Minuten im kochenden Wasser garen.

Parmesanschaum 172

Fertigstellung Abschließend die Ravioli mit etwas flüssiger Butter beträufeln, mit Parmesan bestreuen und nach Belieben weißen oder schwarzen Trüffel darüber hobeln. Mit dem Kalbsbäckchen-Ragout anrichten.

Dazu schmecken Parmesancracker 186.

SUPPEN

171
186
174

Rahmsuppe vom Kopfsalat
mit Erbsen und Kalbsbriesmedaillons auf Erbsen-Kopfsalat
mit Kashmir-Curry

Basissuppe

1 l Geflügelfond 171 | 50 g weiße Zwiebel in feinen Streifen | 30 g Rauchspeck in Streifen | ½ Knoblauchzehe | 1 Thymianzweig | 3 weiße Champignons | 50 g Kartoffeln, in Scheiben | 0,1 l Weißwein | 0,1 l Noilly Prat | 0,6 l Sahne | 20 g Butter | 20 g Olivenöl

Die feinen Zwiebelstreifen mit Speck, Knoblauch, Thymian und Champignons in Butter und Olivenöl anschwitzen. Weißwein, Noilly Prat sowie Kartoffeln hinzugeben und um die Hälfte reduzieren. Mit dem Geflügelfond auffüllen und auf ca. 0,25 l reduzieren. Die Sahne dazugeben, 2 bis 3 Minuten gut durchkochen, anschließend kurz anmixen, passieren und warm stellen.

Medaillons

4 Kalbsbriesmedaillons à 30 g, roh, schneeweiß | Meersalz | Pfeffer aus der Mühle

Kalbsbriesmedaillons würzen, braten und im Teller anrichten.

Gemüseeinlage

40 g Kopfsalatherzen, in Streifen | 40 g Karotten, in Streifen | 20 g frisch gepulte Erbsen | Kashmir-Curry | Zucker | Meersalz

Kopfsalat und Karottenstreifen anschwitzen. Frisch gepulte Erbsen dazugeben und mit Kashmir-Curry bestäuben. Das mit Zucker und Meersalz abgeschmeckte Gemüse auf Bries anrichten.

Fertigstellung

20 g Butter | 20 g Olivenöl | 100 g grüne Kopfsalatblätter | 100 g Erbsen, tiefgekühlt

Grüne Kopfsalatblätter mit restlicher Butter und Olivenöl anschwitzen, die Erbsen hinzugeben. Meersalz, Zucker sowie die kochende Basissuppe daraufgießen und 2 Minuten kochen. Anschließend mixen und sofort servieren.

Dazu passen Hummerragout in Reispapier 186, einige Tropfen Curryöl 174 und frittierte Reisnudeln aus dem Asia-Shop.

TIPP

Basissuppe

Dieses Rezept der Basissuppe kann auch für andere Gemüsesuppen verwendet werden, wie z.B. Brunnenkresse-, Spinat-, Brokkoli- oder Kräutersuppen.

Pikante Kürbissuppe auf Kürbisflan
mit Kokosschaum und Variationen von der Jakobsmuschel

Kürbissuppe

100 g rote Paprikaabschnitte | 300 g Muskatkürbis in Scheiben | 2 kleine Schalotten | Sonnenblumenöl | 20 g Ingwer | 25 g Süß-Sauer-Sauce | Zucker | Meersalz | 1 Messerspitze Kashmir-Curry | 1 l Geflügelfond 171 | 0,1 l Kokosmilch | 1 Kaffire-Limonenblatt | 50 ml Weißwein | 50 ml Noilly Prat | 1 Stange Zitronengras

Die Kürbisscheiben und Paprikastreifen in etwas Sonnenblumenöl mit den Schalotten und dem Zitronengras glasig dünsten. Mit dem Zucker leicht karamellisieren.

Die Süß-Sauer-Sauce und den Ingwer hinzufügen und mitdünsten. Kashmir-Curry dazugeben und mit Weißwein und Noilly Prat ablöschen. Anschließend mit Geflügelfond auffüllen, das Limonenblatt zugeben und alles weich kochen.

Zum Schluss die Kokosmilch einrühren. Kaffire-Limonenblatt entfernen, mixen und passieren. (200 g Kürbissuppe für den Flan beiseite stellen.)

Variationen von der Jakobsmuschel

8 frisch ausgebrochene Jakobsmuscheln | 1 Limone | Olivenöl | Zucker | Meersalz | Chilipulver | 2–3 frische Korianderblätter | 4 hauchdünne getrocknete Vanilleschoten

Carpaccio

4 Jakobsmuscheln mit dem Messer hauchdünn in Scheiben schneiden und auf einem Teller kreisförmig anrichten. Wenn es nicht mehr zum Schneiden geht, die Reste für Tatar verwenden.

Jakobsmuscheltatar mit dem Abrieb und Saft von ⅓ Limone, Meersalz, Koriander, Chili und Zucker abschmecken.

Den restlichen Limonensaft mit Olivenöl, Meersalz und einer Prise Zucker verrühren und das Carpaccio damit einpinseln.

Tatar

Tatar mit zwei Kaffeelöffeln zu Nocken formen und auf dem Carpaccio mit Streifen von Koriandergrün anrichten.

Mit Vanille gebratene Jakobsmuscheln

4 ganze Jakobsmuschelnüsse durch die Mitte auf Vanilleschoten aufspießen.

Die Vanille-Jakobsmuscheln anbraten und ebenfalls anrichten.

Kürbisflan

200 g Kürbissuppe | 50 g Eigelb

Die Kürbissuppe mit dem Eigelb unter ständigem Rühren auf ca. 50 °C erwärmen, in Tassen oder Gläser füllen und bei 90 °C Umluft auf einem Blech mit etwas Wasser ca. 45 Minuten indirekt pochieren.

Kokosschaum

0,2 l Kokosmilch | Zucker | Meersalz | Chilipulver

Die Kokosmilch auf 60 °C erwärmen, mit etwas Chili, Zucker und Meersalz abschmecken und mit dem Zauberstab so lange schlagen, bis ein schöner Schaum entsteht.

Fertigstellung

Die heiße Kürbissuppe vorsichtig auf den Flan gießen und mit dem Kokosschaum garnieren.

Thai-Suppe
mit Wildwasserscampi und sautiertem Gemüse

Suppe — 2 Stangen Zitronengras | 40 g frischer Ingwer | 1 rote Chilischote oder rote Chilipaste | 1 Knoblauchzehe | 60 ml helles Sesamöl | 0,8 l Geflügelfond  171 | 2 Kaffir-Limonenblätter | 200 ml Kokosmilch | 1 Prise Kashmir-Curry | Meersalz | 1 TL Zucker | 4 EL Fischsauce | 3 EL Limettensaft

Zitronengras, Ingwer mit Schale, Chilischoten und Knoblauchzehe im hellen Sesamöl anschwitzen, mit dem Geflügelfond auffüllen, Limonenblätter dazugeben und auf ca. 0,4 l reduzieren.

Die Kokosmilch hinzugeben und einmal gut durch kochen lassen. Das in Streifen geschnittene Gemüse im restlichen Sesamöl anbraten, salzen und mit Kashmir-Curry abschmecken. Zucker und Fischsauce hinzugeben, dann den passierten Hühner-Kokos-Fond aufgießen und das Ganze mit Limettensaft abschmecken.

Wildwasserscampi — 4 Wildwasserscampi mit Schalensegment | 4 Wildwasserscampi als Medaillons mit Zucchinistreifen umwickelt | 4 dünne getrocknete Vanillestangen

Die umwickelten Scampi auf Vanilleschoten aufspießen und mit den Scampischwänzen anbraten.

Gemüse — 180 g Gemüse, roh in Streifen geschnitten, zum Beispiel Kaiserschoten, Karotten, Minimais, Sojasprossen und Paprika (nach saisonalem Angebot) | Meersalz | Pfeffer aus der Mühle

Gemüse anbraten, würzen und in einem Suppenteller mittig anrichten.

Fertigstellung — Chilifäden | 8 Korianderblätter

Die gebratenen Scampimedaillons und -schwänze auf dem Gemüse anrichten. Die heiße Suppe angießen, mit Chilifäden und geschnittenen Korianderblättern garnieren. Auch die Schere kann als Garnitur verwendet werden.

Sauerkrautsuppe
mit gefülltem Leberwurst-Kartoffelknödel, Majoran und Kartoffelcroutons

Sauerkrautsuppe

80 g Schalotten in Streifen | 80 g geräucherter Speck | ½ Knoblauchzehe | 50 g Schweinschmalz | 150 g rohe Kartoffel, dünn geschnitten | Gewürzbündel mit Lorbeer, Wacholder, Majoran und Kümmel | 0,2 l Weißwein | 600 g gekochtes Sauerkraut (davon 100 g als Einlage) | 1 l Geflügelfond 171 | 0,2 l Sahne | roher Kartoffelabrieb

Schalotten mit Speck und Knoblauch in Schweineschmalz anschwitzen, Kartoffeln und Gewürzbündel zugeben, mit Weißwein ablöschen, reduzieren lassen. Sauerkraut hinzufügen und mit dem Geflügelfond auffüllen. Kochen, bis die Kartoffeln weich sind. Suppe ohne Speck und Gewürzbündel mixen und durch ein Sieb passieren. Sahne hinzugeben und kurz aufkochen. Falls die Suppe zu dünn ist, kann man sie mit rohem Kartoffelabrieb binden.

Kartoffelknödel

500 g Kartoffel, roh, geschält, in Würfeln | 25 g braune Butter | 100 g Mondamin | 3 Eigelb | Meersalz | Muskat | Pfeffer aus der Mühle

Kartoffelwürfel in Salzwasser weichkochen, ausdampfen lassen und mit der Kartoffelpresse in eine Schüssel pressen. Die restlichen Zutaten hinzufügen. Mit Meersalz, Muskat und Pfeffer abschmecken und zu einem glatten Teig verarbeiten. In 10 Teile portionieren.

Leberwurst-Apfel-Füllung (für 10 Knödel)

20 g Zwiebel, in Würfeln | Öl | 100 g grobe Leberwurst | 40 g Apfelwürfel | Majoran | Pfeffer aus der Mühle

Zwiebelwürfel in Öl anschwitzen, Leberwurst und Apfelwürfel hinzufügen und erhitzen. Die warme Masse mit Majoran und Pfeffer abschmecken.

Aus der Masse 10 kleine Kugeln formen und einfrieren.

Die portionierten Kartoffelknödel mit den angefrorenen Leberwurst-Kugeln füllen und in Salzwasser ca. 10 bis 12 Minuten garen.

Fertigstellung

Semmelbrösel mit Butter, geschmolzen | 40 g Kartoffelcroutons, rohe Kartoffelwürfel, frittiert | Majoran

Semmelbrösel in Butter leicht rösten. Diese Schmelze auf die Knödel geben. Knödel in tiefe Teller auf die Sauerkrauteinlage setzen und die Suppe angießen. Nach Belieben mit frittiertem Sauerkraut, frischem Majoran und Kartoffelcroutons garnieren.

174
181
170

Geeiste Melonen-Hummer-Suppe
mit Minze, Melonenperlen, Hummersalat in Gelee-Cannelloni und Curryöl

Hummersalat

1 ganzer bretonischer Hummer, ca. 500 g | Crème fraîche | Chili | Limonensaft | 8 Minzblätter | 4 cl Curryöl 174 | 4 Gelee-Cannelloni 181 mit Hummerfond 170

Hummer in kochendes Salzwasser werfen, Topf zur Seite stellen und 5 Minuten ziehen lassen, Scheren herausbrechen, den Rest in Eiswasser abschrecken. Scheren 3 Minuten nachziehen lassen und ebenfalls in Eiswasser abschrecken.

Hummerschwanz mit der Karkasse in 4 Segmente schneiden, Scheren, Glieder und den Rest des Hummers ausbrechen.

Das Fleisch fein würfeln und mit Crème fraîche, Chili, Limonensaft, Minze und Curryöl marinieren.

Die Segemente werden separat in der Schale gebraten.

Melonenperlen

1 reife Cavaillon-Melone | weißer Portwein | Zucker | 8 Minzblätter | Mark einer Vanilleschote

Melone schälen, mit dem Kugelausstecher 12 Kugeln ausstechen. Die Melonenperlen mit Portwein, Zucker, Minze und Vanille marinieren und abdecken.

Melonen-Hummer-Suppe

0,1 l Mineralwasser | 50 g reduzierter Hummerfond 170 | 4 cl reduzierter weißer Portwein | Limonensaft | Abrieb von ½ Limone | 40 ml Sekt | 4 Hummermedaillons | Minz-Julienne | Curryöl 174

Restliches Melonenfleisch ohne Kerne im Mixer pürieren. Mineralwasser, Hummerfond und den reduzierten Portwein dazugeben. Mit Limonensaft und dem Abrieb der Limone abschmecken.

Fertigstellung

Hummersalat in die Gelee-Cannelloni füllen. Geeiste Melonensuppe mit den gefüllten Gelee-Cannelloni, den gebratenen Hummersegementen und einer halben Hummerschere anrichten. Mit Minz-Julienne und Curryöl garnieren.

Am Tisch mit einem kleinen Schuss Sekt oder Champagner angießen.

HAUPTGERICHTE VEGETARISCH

Rote Spitzpaprika
gefüllt mit Feinweizen, Pilzen und Fetakäse
auf gelbem Paprika-Coulis mit Zucchini-Tagliatelle

Gefüllte Spitzpaprika

150 g Pfifferlinge, in kleinen Würfeln | 30 g weiße Zwiebel in Würfeln | 1 Hauch Knoblauch | Olivenöl | 80 g Feinweizen (Graupen) roh, gekocht, ergeben ca. 200 g | 150 g Schafskäse, in kleinen Würfeln | frische Kräuter (Petersilie, Schnittlauch, Kerbel) | 50 g Ajvar

4 Spitzpaprika ohne Schale und Kernhaus | Olivenöl | Thymianzweig | 1 Knoblauchzehe | 0,1 l Gemüsefond 170 oder Geflügelfond 171

Geschnittene Pfifferlinge mit Zwiebelwürfeln und einem Hauch Knoblauch in Olivenöl anschwitzen, den dabei entstandenen Pfifferlingssaft wegreduzieren. Die Pfifferlinge mit Feinweizen, Käse, Kräutern und Ajvar mischen und in die Paprika einfüllen.

Paprika in etwas Olivenöl vorsichtig anbraten. Thymianzweig und angedrückte Knoblauchzehe hinzugeben, mit etwas Gemüsefond im Backofen bei 140 °C ca. 15 bis 18 Minuten schmoren, bis die Füllung innen heiß ist. Während des Schmorens die Schoten mit dem entstandenen Saft mehrmals übergießen. Paprika würzen und servieren.

Paprika-Coulis

150 g gelbe Paprika | 30 g weiße Zwiebelscheiben | Knoblauch | 20 g Olivenöl | Zucker | Meersalz | 0,4 l Gemüsefond 170 oder Geflügelfond 171 | Zitronensaft

Die gelbe Paprika in Würfel schneiden, mit den Zwiebelscheiben und dem Knoblauch anschwitzen, etwas Zucker und Meersalz dazugeben und mit dem Gemüsefond auffüllen. Weich kochen lassen und fein mixen. Mit Zitronensaft abschmecken.

Zucchini-Tagliatelle

2 grüne Zucchini | Bohnenkraut | Meersalz | Pfeffer aus der Mühle | Olivenöl

Die Zucchini von außen mit dem Julienne-Messer in dünne Tagliatelle schneiden, kurz in heißem Olivenöl schwenken und mit Bohnenkraut, Meersalz und Pfeffer abschmecken. Zu kleinen Nestern drehen.

Fertigstellung

Geschmorte Paprikaschoten auf dem gelben Paprika-Coulis anrichten, mit kleinen Pfifferlingen und Zucchini-Tagliatelle servieren.

172
174
186

Rigatoni mit Ricottakäse
mit gelben und roten Kirschtomaten und Parmesancracker

Gefüllte Rigatoni	200 g Rigatoni, knapp al dente gekocht, in Eiswasser abgeschreckt | 200 g Ricotta | 2 Eigelbe | 50 g Parmesan, fein gerieben | 20 g Basilikumpesto | Räuchermehl

Ricotta mit Eigelben, fein geriebenem Parmesan und Pesto in einer Schüssel cremig aufschlagen. Auf Wunsch mit Folie abdecken und mit der Räucherpistole und Räuchermehl ca. 10 bis 15 Minuten kalt räuchern. Das Räuchern Zuhause ist kein Muss, gibt dem Gericht aber einen besonderen Pfiff. Mit Hilfe eines Spritzbeutels in die vorgekochten Rigatoni einfüllen. Rigatoni mit wenig Kochwasser (der Nudeln) nachdünsten.

Kirschtomatensugo	12 rote Kirschtomaten ohne Haut | 12 gelbe Kirschtomaten ohne Haut | 50 g Olivenöl | Meersalz | Zucker | 1 Rosmarinzweig | 1 Thymianzweig | 100 g feine Tomatensauce 172 | 1 Spritzer Chiliöl 174

Kirschtomaten mit etwas Olivenöl, Meersalz, Zucker, fein zerkleinertem Rosmarin und Thymian bei 80 °C Umluft 3 Stunden auf Backpapier trocknen. Das kann man sehr gut auch einige Tage vorher machen und die Tomaten zwischenzeitlich in Olivenöl einlegen.

Die leicht getrockneten Tomaten in etwas Oliven- und Chiliöl mit Zucker anschwitzen, die rote Tomatensauce dazugeben und vorsichtig aufkochen. Mit etwas Parmesan binden.

Parmesancracker 186

Fertigstellung Die Rigatoni mit dem Kirschtomatensugo auf dem Teller anrichten und mit gerösteten Pinienkernen garnieren.

Dazu schmecken schwarze Olivenwasserperlen (aus der Molekularküche) 186.

> ### TIPP
>
> **Klassisch Nudeln kochen und servieren**
>
> Pro 100 g Nudeln und 1 Liter Wasser 15–20 g Salz verwenden. Das Wasser sollte wie Meerwasser schmecken. Kein Öl dazugeben, sonst kann die Sauce nicht an den Nudeln haften. Die Nudeln nicht abschrecken, sondern heiß und saftig zur Sauce geben.
>
> Parmesan untermischen und gut durchschwenken, damit sich Pasta, Parmesan und Sauce gut verbinden. Sofort servieren.
>
> Man rechnet ca. 120 g rohe Nudeln pro Person.
>
> Generell gilt: Je feiner die Sauce, desto filigraner die Pasta.

Gorgonzola-Risotto
in zwei Präsentationen mit gefülltem Sommergemüse

Risotto und Risottokroketten

1 weiße Zwiebel, in feinen Würfeln | 1 kleiner Thymianzweig ohne Stiele (Blätter fein geschnitten) | Olivenöl | 250 g Risotto-Reis | Meersalz | 0,1 l Weißwein | 0,7–0,9 l Gemüsefond 170 oder Geflügelfond 171 | 80 g Gorgonzola | 40 g geriebener Parmesan | Saft und Schale einer halben Zitrone | Mehl | 1 Ei | Paniermehl

Zwiebelwürfel und Thymian in Olivenöl glasig anschwitzen, Risotto-Reis dazugeben und ebenfalls anschwitzen, bis das Korn eine weiße Farbe hat. Leicht salzen, mit dem Weißwein ablöschen und reduzieren. Den Fond nach und nach dazugeben. Der Reis sollte immer leicht bedeckt sein. Unter ständigem Rühren ca. 18 bis 20 Minuten kochen lassen. In den letzten 2 Minuten den Gorgonzola einrühren, kurz vor dem Anrichten den Parmesan sowie Schale und Saft der Zitrone hinzufügen. Eventuell abschmecken.

Für die Risottokroketten Klößchen formen. Am besten kurz anfrieren lassen, danach in Mehl, Ei und Paniermehl wenden und in Öl herausbacken.

Gefülltes Gemüse

nach eigenen Ideen und Kreativität, z. B. kleine Strauchtomaten mit Spinat | Artischockenböden mit gelben Kirschtomaten | ausgehöhlte Zucchinihälften mit Mini-Ratatouille | Champignonkopf mit Pilzmus | kleine Paprika mit Schafskäse

Fertigstellung

Olivenöl | Kräutersprossen

Das gefüllte Gemüse erwärmen und mit den zweierlei Risotti auf dem Teller anrichten. Mit Olivenöltropfen und Kräutersprossen garnieren.

TIPP

Das Risotto sollte immer so gekocht sein, dass man es mit der Gabel essen kann. Angerichtet auf dem Teller sollte es ein klein wenig fließen.

Restliches Risotto kann als kleine Kugel paniert und eingefroren werden.

Man kann die Kugeln auch füllen, z. B. mit einem Stück Gorgonzola. Diese gefüllten und frittierten Reisbällchen Kugeln sind eine sizilianische Spezialität – Arancini.

HAUPTGERICHTE
FISCH

170/171
184
178
185

Heilbutt im Speck-Lauch-Mantel
mit Kartoffel-Kürbis-Gulasch und Grießnocken

Heilbutt im Speck-Lauch-Mantel

550 g Heilbuttfilet ohne Haut und Fett (in 4 Filets geteilt) | 1 Stange Lauch | 4 x 6 Scheiben hauchdünner Speck (am besten gefroren), die 6 Streifen aneinandergelegt | Meersalz | Pfeffer aus der Mühle

Lauch halbieren, waschen und auseinanderziehen. Die Lauchstreifen im Salzwasser blanchieren und mit Eiswasser abschrecken. Die Lauchstreifen aneinanderlegen und abtrocknen.

Heilbuttröllchen in den Lauch, danach in den Speck einrollen. Heilbuttfilets würzen, in Folie fest einrollen, verschließen und bei 45 °C ca. 25 Minuten pochieren, im Eiswasser abschrecken, auskühlen lassen, aus der Folie lösen, und die Filetröllchen anbraten. Im Backofen fertig garen (Kerntemperatur 48 °C).

Kurz stehen lassen, tranchieren und auf dem Kartoffel-Kürbis-Gulasch anrichten.

Kartoffel-Kürbis-Gulasch

1 weiße Zwiebel, in feinen Würfeln | Knoblauch | Thymian, gehackt | 100 g rote Paprika, ohne Schale, in Rauten geschnitten | 200 g Kartoffel, in Rauten geschnitten | 1 Messerspitze Paprikapulver | 50 ml Weißwein | 100 g Hokkaido-Kürbis, ohne Schale, in Rauten geschnitten | 100 ml Gemüsefond 170 oder Geflügelfond 171 | 1 Messerspitze Kümmel | 1 TL eingelegte Senfkörner 184 | 1 EL Kartoffelabrieb

Zwiebelwürfel farblos andünsten, Knoblauch und Thymian, Paprika, Kartoffeln und Paprikapulver dazugeben. Kurz mitrösten und mit dem Weißwein ablöschen. Leicht anwürzen. Den Kürbis dazugeben (Kürbis später, da er sehr schnell weich ist). Geflügelfond, Kümmel und Senfkörner hinzufügen. 8 bis 10 Minuten köcheln lassen und mit dem Kartoffelabrieb binden.

Grießnocken 178

Kürbis-Luft 185

Fertigstellung

20 g geröstete Kürbiskerne | Kürbiskernöl | 8 Quadrate süß-saurer Kürbis | Semmelbrösel | Butter | 8 Stangen junger Lauch

Grießnocken mit Schmelze aus Semmelbrösel und Butter auf den Kürbis-Quadraten platzieren und neben dem Heilbutt anrichten. Mit gerösteten Kürbiskernen, Tropfen von Kürbiskernöl, Lauchstreifen und Kürbis-Luft dekorieren.

TIPP

Kartoffel-Kürbis-Gulasch

Der Kartoffel-Kürbis-Gulasch ist ein eigenständiges vegetarisches Gericht, wenn er mit Gemüsefond gekocht wird.

Nicht-Vegetarier können den Gulasch gerne auch etwas rustikaler mit Würstchen oder Schinken genießen.

171
185
174

Sankt Petersfisch
mit Kartoffel-Räucherfisch-Püree, Eigelbkaviar und kleinen Röstkartoffeln

Sankt Petersfisch	4 Filets vom Sankt Petersfisch à 130 g

Sankt Petersfischfilets kurz anbraten, auf einen Teller legen, mit Folie abdecken und bei 60 °C Ober-/Unterhitze ca. 15 bis 20 Minuten (je nach Filetstärke) nachgaren.

Kartoffel-Räucherfisch-Püree	250 g gekochte Kartoffeln	150 ml Räucherfischmilch 171	50 ml Kartoffel-Kochwasser	25 g Butter

Heiße Kartoffeln fein passieren. Zusammen mit 100 ml kochender Räucherfischmilch, dem Kochwasser und der Butter verrühren. Die restliche Räucherfischmilch als Sauce verwenden.

Eigelbkaviar	2 frische Eigelb	Meersalz	250 g geklärte Butter	50 g Crème fraîche	4 Teigblätter 185

Frisches Eigelb mit Meersalz verrühren und in eine Spritze füllen. Die Eigelb tropfenweise in 85 °C heiße, geklärte Butter einträufeln. Die Tropfen gerinnen durch die Hitze und werden zu kleinen „Kaviarperlen". Die Perlen zusammen mit Crème fraîche auf einem Teigblatt anrichten.

Salat	30 rote Blutampferblättchen
Grundvinaigrette	25 g Grundvinaigrette 174

Salat mit dem Dressing marinieren.

Fertigstellung	Den Fisch mit Kartoffel-Räucherfisch-Püree, Räucherfischmilch und Salatblättchen auf dem Teller platzieren. Nach Belieben mit einem Teigblatt und frischem Kaviar garnieren.

Dazu passen kleine frittierte Kartoffelwürfel.

TIPP

Lockeres Kartoffelpüree

Um das Kartoffel-Räucherfisch-Püree noch leichter zu machen, kann man die Kartoffelmasse in einen ISI-Bläser füllen und zwei Stickstoffpatronen einschließen. Gut schütteln und ausspritzen. Das Püree kann sehr gut im Wasserbad warmgehalten werden.

170/171
171
175
184
186

Paella „Burg Staufeneck"

Reis — 1 kleine Zwiebel, in Würfeln | ½ Knoblauchzehe, fein gehackt (ohne Keimling) | 40 g Olivenöl | 20 ml Pernod | 240 g Langkornreis | Safranfäden | Fleur de Sel | etwas Chilipulver | 0,1 l Weißwein | 400 ml Fischfond 170 oder Geflügelfond 171 oder je 200 ml Fisch- und Geflügelfond

Zwiebelwürfel mit Knoblauch in Olivenöl farblos anschwitzen. Reis dazugeben, mit Safran und Fleur de Sel leicht würzen und mit etwas Chilipulver Schärfe hinzugeben. Mit Weißwein und Pernod ablöschen, danach den kochenden Geflügel- oder Fischfond daraufgeben. Einmal aufkochen lassen. Deckel darauf und bei 150 °C im Backofen ca. 18 bis 20 Minuten garen. Am Ende muss die Flüssigkeit verkocht sein.

Hähnchen — 12 Hähnchenfiletstücke oder Sot-l'y-laisse (= Pfaffenstückchen) | Meersalz | Pfeffer

Hähnchenfiletsstücke würfeln, bei milder Hitze saftig braten und dabei würzen.

Fisch — 12 gegarte Miesmuscheln | 12 gegarte Vongole | 0,3 l Muschelfond 171 oder Krustentiersud | 480 g Fischfilet nach Angebot, z. B. Loup de mer, Rotbarbe, Atlantikfisch, halbe Scampi in der Schale | Meersalz | Pfeffer aus der Mühle | 40 g rote Sauce Rouille 175

Gekochte Muscheln mit etwas Muschelfond erwärmen. Fischfilet und Scampi würzen und in einer Teflonpfanne glasig herausbraten.

Gemüse — 12 Ofentomaten 184 | 12 Zucchinibalken | 8 rote Paprikawürfel | 12 Artischockenecken | Thymian | Knoblauch | Olivenöl

Das Gemüse ohne Tomaten mit Thymian und Knoblauch in Olivenöl braten.

Ofentomaten — 184

Fertigstellung — Den Reis mit Hilfe eines Rings anrichten. Die gebratenen Fischfilets, Muscheln und das Hühnerfleisch auf dem Teller platzieren, ebenso das gebratene Gemüse und die Ofentomaten.

Den Muschelfond auf ca. 80 ml reduzieren und mit der roten Rouille emulgieren. Sauce auf Teller nappieren.

Dazu schmecken gebackene Calamariringe und knusprige Hähnchenhaut 186.

TIPP

Sot-l'y-laisse sind zwei kleine filetartige Muskelstücke vom Geflügel. Sie liegen im Bereich des Rückens oberhalb der Keulen und werden beim Auslösen oft vergessen.

Das sogenannte Pfaffenschnittchen unterscheidet sich vom restlichen Fleisch durch seine dunklere Farbe, sein intensiveres Aroma und seine besonders zarte, saftige Konsistenz. Es schmeckt sowohl kurzgebraten als auch geschmort.

Wilde Dorade
gefüllt mit geschmorten Safranzwiebeln
Zitronen-Olivenöl-Emulsion, Artischockensalat

Safranzwiebeln

200 g weiße Zwiebel, in Würfeln | 25 g Olivenöl | Safranfäden | 1 Prise Zucker | Meersalz | 50 g Weißwein | 20 g Pernod | 0,1 l Fischfond 170 oder Geflügelfond 171 | Pfeilwurzelmehl (ersatzweise Speisestärke) | Abrieb von ½ Orange

Zwiebelwürfel in Olivenöl farblos anschwitzen. Safran, Zucker und Meersalz dazugeben. Mit Weißwein und Pernod ablöschen und einreduzieren lassen. Fischfond dazugeben und die Zwiebeln darin weich schmoren. Mit angerührtem Pfeilwurzelmehl abbinden. Zum Schluss mit Orangenabrieb abschmecken.

Zitronen-Olivenöl-Emulsion

Etwas frischer Knoblauch | Thymian | 3 Zitronenfilets | Saft von ½ Zitrone | 30 g Wasser | 1 Prise Zucker | Meersalz | etwas angerührtes Pfeilwurzelmehl (ersatzweise Speisestärke) | Orangenabrieb | 40 g Olivenöl

Knoblauch und Thymian in wenig Olivenöl leicht anrösten. Zitronenfilets, Saft, Wasser, Zucker und Meersalz dazugeben, auf die Hälfte reduzieren und mit Pfeilwurzelmehl binden. Das Olivenöl mit dem Mixstab unterrühren.

Artischockensalat

150 g hauchdünn gehobelte Artischockenböden | 4 Grapefruitfilets | 30 g gebratene Chorizostreifen

Dressing

Basilikum | Zitronensaft | Olivenöl | Meersalz | Zucker | marinierter Chili

Salat mit den Zutaten abschmecken.

Dorade

4 Doradenfilets à 150 g | Meersalz | Chili | 1 Prise Zucker | 150 g geschmorte Safranzwiebel | 16 Filets von Ofentomaten 184 | Küchengarn oder Kartoffelfaden

Doradenfilets kreuzweise einschneiden, würzen und mit den Safranzwiebeln und Ofentomaten füllen. Beide Filets übereinander klappen und mit Küchengarn oder Kartoffelfaden fixieren. In einer beschichteten Pfanne glasig braten. Nach dem Braten halbieren.

Fertigstellung

Die Dorade auf der Zitronen-Olivenöl-Emulsion mit Artischockensalat und Safranzwiebeln-Nocken anrichten.

Dazu passen gebratene Stiel-Artischocken.

HAUPTGERICHTE FLEISCH

Gegrillte Satéspieße
mit Rind- und Entenfleisch und dreierlei Dips

Satéspieße	250 g Rinderrücken, in Streifen geschnitten ǀ 250 g Entenbrust, ohne Haut in Streifen geschnitten ǀ Holzspieße
Rinder-Marinade	½ TL rote Currypaste (Asiashop) ǀ 1 EL Kokosmilch ǀ 10 g brauner Zucker ǀ 1 TL Fischsauce (Asiashop) ǀ 1 TL Sojasauce ǀ 3 EL helles Sesamöl ǀ 1 Spritzer Limonensaft
Enten-Marinade	1 EL Ketjap Manis (süße Sojasauce) ǀ 1 EL Honig ǀ 2 EL Sojasauce ǀ 1 EL geriebener frischer Ingwer ǀ 1 EL helles Sesamöl

Das Fleisch in Streifen schneiden und auf die gewässerten Holzspieße stecken. Die Zutaten der zwei Marinaden verrühren. Das Fleisch ca. 30 Minuten einlegen.

Dip 1: Koriander-Pesto	30 g Cashewkerne ǀ 1 Knoblauchzehe ohne Keimling ǀ 30 g frischer Ingwer ǀ 2 Bund frischer Koriander ǀ 1 Bund glatte Petersilie ǀ ½ kleine Chilischote ǀ 1 EL frischer Zitronensaft ǀ 150 ml Pflanzenöl ǀ Meersalz

Cashewkerne in einer Pfanne trocken rösten. Knoblauch, Ingwer, Koriander, Petersilie und Chilischote grob zerhacken. Alle Zutaten mit dem Mixer fein zerkleinern und mit Meersalz abschmecken.

Dip 2: Weiße Sesamsauce	300 g Tofu ǀ 3 EL Tahin (Sesampaste) ǀ 2 EL Zucker ǀ 1 TL Meersalz ǀ 3 TL Sojasauce ǀ 3 EL Reisessig ǀ 2 TL Mirin (süßer Reiswein) ǀ 2 TL Fischsauce

Alle Zutaten mixen und passieren.

Dip 3: Erdnussdip	20 ml Sesamöl ǀ 1 Messerspitze Kashmir-Curry ǀ 60 ml Kokosmilch ǀ 100 g Erdnussbutter ǀ 30 g geröstete, zerkleinerte Erdnüsse ǀ 1 EL Sojasauce ǀ Saft und Abrieb von 1 Limette ǀ Meersalz ǀ brauner Zucker ǀ 1 EL Erdnussöl

Das Sesamöl auf ca. 30 °C erwärmen. Currypulver einstreuen, kurz anrösten und mit Kokosmilch auffüllen. Erdnussbutter einrühren, anschließend die restlichen Zutaten unterrühren oder mit dem Zauberstab mixen.

Fertigstellung	Satéspieße auf den Grill oder in die Grillpfanne saftig herausbraten. Dekorativ mit den 3 Dips anrichten.

TIPP

Grünes Pesto

Am besten Sie stellen immer einen ganzen Mixbecher voll her und geben in das fertige Pesto eine Messerspitze Vitamin C. Durch das Vitamin C bleibt das Pesto schön grün. Gefrieren Sie dann das überschüssige Pesto in kleinen Mengen ein. Dafür eignet sich ein Eiswürfelbereiter.

Sollten Sie mal ein schnelles Pesto brauchen, kann der kleine gefrorene Würfel in heißer Sauce oder für Pasta genutzt werden.

179
171

Minutenröllchen vom Roastbeef
mit Kartoffel-Lauch-Püree und Rotwein-Thymian-Jus

Minutenröllchen | 600 g pariertes, marmoriertes Roastbeef | 60 g knuspriger Speck | 60 g weich gedämpfte Zwiebeln | 30 g Pommery-Senf | 30 g Cornichons, in kleinen Würfeln, ohne Kernhaus | ½ TL Blattpetersilie, gehackt | 8 Kräuterseitlinge

Roastbeef kurz von allen Seiten anbraten und bei 90 °C Umluft auf 53 bis 54 °C Kerntemperatur garen lassen (ca. 1 Stunde und 10 Minuten). Danach im herunter gekühlten Backofen 25 bis 30 Minuten ruhen lassen. Mit dem Messer in 5 mm dicke Scheiben schneiden.

Füllung | Speckwürfel mit Zwiebeln, Cornichons, Senf und Petersilie mischen und leicht erwärmen. Die Füllung auf die Fleischscheibe streichen und zusammenrollen. Zurück in den Backofen und nochmals 1 bis 2 Minuten ziehen lassen. Währenddessen die Pilze in heißem Butterschmalz kurz anbraten.

Kartoffelpüree | 179

Lauchpüree | 179

Rotwein-Thymian-Jus | 2 Würfelzucker | 0,25 l Rotwein | 0,1 l Madeira | 30 ml dunkler Balsamico | 50 g Zwiebeln | 1 kleiner Thymianzweig | 5 Pfefferkörner | 1 l dunkler Kalbsfond 171 | Pfeilwurzelmehl | 30 g kalte Butter

Würfelzucker karamellisieren, mit Rotwein, Madeira und Balsamico ablöschen. Zwiebel und Gewürze zugeben. Auf ungefähr 80 ml reduzieren. Fond zugießen und auf 150 ml reduzieren (Vorsicht mit Salz). Gewürze abpassieren. Bei Bedarf mit Pfeilwurzelmehl binden. Vor dem Servieren kalte Butter unterrühren.

Fertigstellung | Das Kartoffelpüree vorsichtig erhitzen, das Lauchpüree kurz vor dem Servieren unterheben. Vom Kartoffel-Lauch-Püree Nocken abstechen und in der Tellermitte platzieren. Drum herum die Minutenröllchen, Pilze und den Rotwein-Thymian-Jus anrichten.

Dazu passen knusprig gebackene Röllchen vom Kalbskopf 185 mit wilder Knoblauchkresse.

171
175
176
181

Glacierte Kalbshaxe
auf Kalbszungenragout weiß-sauer mit grünem Spargel

Glacierte Kalbshaxe

1 mittlere hintere Kalbshaxe | 250 g Kalbfleischabschnitte | 280 g Wurzelgemüse | 1 Knoblauchzehe | 1 Thymianzweig | 1 Lorbeerblatt | weißer Pfeffer aus der Mühle | 1 TL Tomatenmark | 0,4 l Rotwein | 1 ½ l dunkler Kalbsfond 171 | 200 g weiße Kalbszunge, gekocht, in Würfeln | Pfeilwurzelmehl

Kalbshaxe würzen, anbraten und bei 160 °C in den heißen Backofen schieben. Nach ca. 20 Minuten, wenn die Haxe gebräunt ist, die Kalbfleischabschnitte sowie das Wurzelgemüse, die Kräuter und Gewürze hinzugeben. Wenn der Ansatz braun ist, überflüssiges Bratfett abgießen, Tomatenmark hinzugeben und ebenfalls anbräunen. Mit Rotwein ablöschen und mit dem entstandenen Saft die Haxe über 2 Stunden regelmäßig begießen.

Wenn der gesamte Rotwein einreduziert ist, den Kalbsfond in Etappen drei- bis viermal angießen. Der neue Ansatz darf nicht einbrennen.

Wenn die Haxe nach ca. 2 ¼ Stunden weich ist, herausnehmen. Den Ansatz nochmals mit Kalbsfond aufkochen und durch ein Sieb abpassieren. Einreduzieren, eventuell mit etwas Pfeilwurzelmehl abbinden.

Weiße Grundsauce (0,5 l)

0,2 l Weißwein | 0,1 l Noilly Prat | 50 g Schalotten | 1 l heller Kalbsfond 171 | 400 g Crème double | 100 g Crème fraîche | 20 g Dijon-Senf | 20–30 g weißer Estragonessig | Meersalz | Pfeilwurzelmehl | frischer Estragon

Weißwein und Noilly Prat mit Schalotten aufkochen, um die Hälfte einkochen, Kalbsfond dazugießen und auf 0,1 l reduzieren. Danach mit Crème double und Crème fraîche aufkochen und auf 0,5 l reduzieren. Mit Senf und Essig abschmecken.

Weiße Grundsauce aufkochen, mixen und so viel über die gekochten Kalbszungenwürfel geben, dass ein sämiges Ragout entsteht. Einmal aufkochen und ziehen lassen. Mit frischem Estragon abschmecken.

Grüner Spargel

8 Stangen gekochter grüner Spargel

Grüne Spargelstangen anbraten.

Fertigstellung

Mit dem Zungenragout und der tranchierten Haxe anrichten.

Dazu passen Röllchen der Kalbszunge, gefüllt mit geräuchertem Graupensalat 175, auf knusprig gebratenen Hefeknöpfle 176 und temperierte Geleewürfel vom Kalbsjus 172.

TIPP

Fleisch mit Niedergar-Temperatur braten

Das Niedergar-Temperatur-Verfahren eignet sich für alle Fleischsorten wie Rinderrücken, Rinderfilet, Kalbsrücken, Kalbsfilet, Lammrücken etc.. Bei 90 °C Umluft wird das Fleisch auf 58–60 °C im Kern gegart. Dann das Fleisch mindestens 20 Minuten ruhen lassen, kurz nachbraten und tranchieren.

Bei Rehrücken oder Rehkeule die Temperatur auf 140 °C erhöhen und bei 52 °C herausholen. Rehfleisch hat andere Eiweißstrukturen. Wird es mit einer Kruste gratiniert, bei 48 °C herausnehmen.

Je größer das Fleischstück ist, desto länger sollte die Ruhezeit betragen.

180
171
176

Kalbsnierenroulade und Kalbsnieren schwäbisch-sauer
mit Shiitake-Pilzen, Bohnen-Spaghetti und jungen Karotten

Kalbsnierenroulade und Kalbsnieren

500 g geputzte Kalbsniere | 4 Kalbsrückensteaks à 40 g, dünn plattiert | 50 g Fleischfarce (Kalbfleisch) 180 | 40 g geschmortes Zwiebelconfit 180 (oder geschmorte Zwiebelwürfel) | 40 g Dijon-Senf | 10 Blatt Petersilie, in feine Streifen geschnitten | Bindfaden

Dunstmehl | 12 kleine Shiitake-Pilze | 30 g Butter | 30 g Rotweinessig | 100 g dunkler Kalbsfond 171 | 50 g Crème fraîche | Meersalz | Pfeffer aus der Mühle

Von den Kalbsnieren vier Streifen abschneiden, den Rest in feine Blättchen schneiden. Die Kalbsfarce mit der Hälfte der geschmorten Zwiebeln, Senf und Petersilie vermengen. Die Nierenstreifen mit der Farce in die dünnen Kalbsrückensteaks einrollen, zubinden, vorsichtig herausbraten, bei einer Kerntemperatur von 54°C 5 Minuten ruhen lassen und danach auftranchieren.

Die restlichen Nieren mit Dunstmehl bestäuben und in einer heißen Pfanne kurz anbraten, auf ein Sieb geben und würzen. Anschließend die Pilze mit etwas Butter braten, die andere Hälfte der Zwiebeln dazugeben und würzen. Mit dem Essig ablöschen, den Kalbsfond dazugeben und um die Hälfte reduzieren. Die Crème fraîche einrühren und einmal aufkochen. Dann die Nieren hineingeben. Anschließend auf einem Teller anrichten.

Bohnen-Spaghetti

12 Bohnen | Bohnenkraut | Butter | Mineralwasser

Bohnen mit dem Spargelschäler in dünne Streifen schneiden. Im Salzwasser blanchieren, mit Bohnenkraut, etwas Butter und Mineralwasser glacieren.

Junge Karotten

12 geputzte kleine Fingermöhren mit etwas Grün (in Salzwasser blanchiert) | 1 Messerspitze Vanillemark | Zucker | Butter | Mineralwasser

Die jungen Karotten mit Vanillemark, Zucker, Butter und Mineralwasser ebenfalls glacieren.

Fertigstellung

Beide Gemüse zu den zweierlei Nieren anrichten.

Dazu schmecken geröstete Spätzle 176 oder Bratkartoffeln.

171
179
174

Entenbrust auf der Haut kross gebraten
Krokette von der Entenkeule im Kürbis-Mandel-Crunch und pikanter Rotkrautsalat

Entenbrüste

4 weibliche Barbarie-Entenbrüste | Meersalz | Pfeffer aus der Mühle

Entenbrusthaut mit einem scharfen Messer kreuzweise einschneiden, mit Meersalz und Pfeffer würzen und bei milder Hitze in wenig Fett langsam knusprig braten (80 % der Bratzeit auf der Hautseite). Fett sollte komplett austreten. Kurz auf die Fleischseite legen und 8 bis 10 Minuten ruhen lassen.

Krokette von der Entenkeule

4 Entenkeulen | 350 g Röstgemüse (weiße Zwiebel, Karotten, Staudensellerie | Tomatenmark | 1 EL Preiselbeeren | 1 Knoblauchzehe | 8 Wacholderbeeren | 1 Thymianzweig | 0,4 l Rotwein | 50 ml Madeira | 50 ml Portwein | 1 l Geflügelfond 171 | 3 Blatt Gelatine | Meersalz | Pfeffer aus der Mühle

Entenkeulen würzen und auf der Hautseite kross anbraten, bis das ganze Fett ausgelaufen ist. Einen Teil des Fettes abgießen, im Rest das Röstgemüse anbraten und Farbe annehmen lassen. Tomatenmark zugeben und ebenfalls bräunen, mit Preiselbeeren karamellisieren, Gewürze hinzugeben. Mit dem Alkohol 4 bis 5 Mal ablöschen und glacieren.

Die Entenkeule dazugeben, mit Geflügelfond bedecken, weich schmoren und herausnehmen. Haut und Knochen entfernen. Fleisch in kleine Würfel schneiden. 300 ml des Schmorfonds auf ca. 75 ml reduzieren.

Kleingeschnittene Fleischstücke mit dem reduzierten Fond und der eingeweichten Gelatine in einer kleinen Form pressen. (Verhältnis Fleisch : Fond = 250 g Fleisch : 75 ml Fond = 3 Blatt Gelatine.) Kalt stellen.

Kürbis-Mandel-Crunch

Mehl | 1 Vollei | 30 g grob gehackte Kürbiskerne | 30 g grob gehackte Mandeln | Öl zum Anbraten

Das gepresste Entenfleisch in 2 cm große Würfel schneiden. Mit Mehl, Ei und der Kürbis-Mandel-Mischung panieren und in Öl knusprig herausbacken.

Rotkrautsalat

160 g Rotkraut, hauchdünn gehobelt | 25 g Haselnussöl | 25 g Orangensaft | 25 g Rotweinessig | ½ TL Zucker | Meersalz | 1 EL Preiselbeeren | 1 Messerspitze Zimtpulver | 1 Messerspitze Chilipulver

Rotkraut mit den übrigen Zutaten vermischen und durchkneten, 15 Minuten ziehen lassen.

Sellerietascherl

4 hauchdünne Scheiben Sellerieknolle, blanchiert | Selleriepüree 179

Selleriepüree auf eine Hälfte der Selleriescheibe geben, als Ravioli umschlagen und erwärmen.

Fertigstellung

Rotkrautsalat in eine Ringform pressen, die gebackene Entenkeule darauflegen, die Ente tranchieren und mit den Sellerievariationen, Orangen-Ingwer-Marinade 174 und glacierten Äpfeln ausgarnieren.

171
176
174
181

Bauch vom Schwäbisch-Hällischen Landschwein

mit marinierten Brezelknödeln, dreierlei Bohnen und Radieschen

Schweinebauch 1 kg Bauch vom hällischen Landschwein | Meersalz | Pfeffer aus der Mühle | 0,25 l Wasser | 180 g Fleischabschnitte | 150 g Wurzelgemüse | ½ Lorbeerblatt | 1 Thymianzweig | 1 Messerspitze Kümmel | 4 Wacholderbeeren | 1 Knoblauchzehe | ½ EL Tomatenmark | 0,3 l Bier | 1 l dunkler Kalbsfond 171

Schweinebauch würzen und mit der Schwarte nach unten, zusammen mit dem Wasser bei 160 °C Ober- und Unterhitze 30 Minuten in den Backofen schieben. Danach den Bauch umdrehen und kreuzweise einschneiden.

Fleischabschnitte und Wurzelgemüse dazugeben. Wenn diese gebräunt sind, die Gewürze und das Tomatenmark hinzufügen. Ebenfalls bräunen und überflüssiges Fett abgießen. Mit dem Bier zwei- bis dreimal glacieren. Den Bauch auf den Bratenansatz (Fleisch und Gemüse) legen, mit dem Kalbsfond immer wieder ablöschen und bei starker Oberhitze knusprig gratinieren. Den Ansatz mit dem restlichen Fond ganz verkochen, passieren und auf ca. 0,2 l reduzieren.

Brezelknödel 176

Brezelknödelscheiben anbraten.

Bohnen 120 g Schnippelbohnen, blanchiert | 24 dicke Bohnen, blanchiert | 2 Radieschen | 30 g weiße Bohnenkerne, ohne Schale, gekocht | 120 g Kartoffel-Weißweinessig-Dressing 174 | frischer Majoran

Schippelbohnen, Bohnenkerne und Radieschen mit Kartoffelvinaigrette und frischem Majoran marinieren.

Fertigstellung Bauch tranchieren und auf den Knödelscheiben platzieren. Zusammen mit den Bohnen, den Radieschen, der restlichen Vinaigrette und Sauce anrichten.

Dazu passt Salsa-Verde-Gelee 181.

Roulade von der Freilandhühnerbrust
gefüllt mit grünem Spargel, Schmorpaprika und Ziegenfrischkäse in Parmesanhülle

Morchelrahm

15 g getrocknete Spitzmorcheln (eingeweicht) bzw. 6–8 kleine Morcheln pro Person | 50 g Butter | Meersalz | Pfeffer aus der Mühle | 0,1 l Sherry | 0,1 l Madeira | 0,4 l Geflügelfond 171 | 0,15 l Crème double

Morcheln in einer Sauteuse mit Butter anschwitzen und würzen. Mit Sherry und Madeira ablöschen und auf die Hälfte reduzieren. Geflügelfond auffüllen und auf etwa 0,1 l reduzieren. Die Morcheln passieren und warm stellen. Den reduzierten Fond mit Crème double auffüllen und ziehen lassen. Kurz aufmixen und die Morcheln wieder dazugeben.

Pinienkern-Gnocchi

450 g Kartoffeln | 180 g Mehl | 30 g Eigelb | 30 g Nussbutter oder Olivenöl | 30 g Pinienkerne, geröstet und gehackt

Kartoffeln kochen, ausdampfen lassen, pressen und mit Mehl, Eigelb, Nussbutter und Pinienkernen mischen. Aus dem Teig etwa daumendicke Rollen formen und ca. 1 cm breite Stücke abschneiden. In siedendem Salzwasser ziehen lassen – wenn die Gnocchi oben schwimmen, sind sie gar.

Roulade

4 Maishühnerbrüste mit Flügeln, Knochen und Haut | 2 Stangen grüner Spargel, blanchiert und geviertelt | 8 Streifen rote Paprika, gegrillt | 120 g Ziegenfrischkäse | Klarsicht- oder Alufolie

Mehl | 2 Eier | 50 g Weißbrotkrumen | 50 g geriebener Parmesan | Thymian

Die Hühnerflügelknochen sauber herausputzen. Die Haut entfernen und für knusprige Hähnchenhaut 186 verwenden.

Die Brust mit einem Schmetterlingsschnitt aufklappen und mit Spargel, Paprika und Ziegenfrischkäse füllen. Mit Folie zusammenrollen und bei ca. 63 °C Wassertemperatur 20 Minuten garen. Folie entfernen.

Roulade mit Mehl, Eier, Parmesan und Weißbrotkrumen panieren und kurz von allen Seiten herausbraten.

Fertigstellung

Die Hühnerbrustrouladen auftranchieren und mit den Pinienkern-Gnocchi und dem Morchelrahm garnieren.

Dazu schmecken junger Spinat und knusprig gebratene Hühnerhaut.

Lammkoteletts „Barbecue-Style"
mit gegrillter Polenta, Gemüse in Pergamentpapier und Sour Cream mit Minze

Lammkoteletts 12 Lammkoteletts à ca. 45–50 g | 2 EL Barbecue-Sauce | Barbecue-Gewürzsalz

Lammkoteletts mit Barbecue-Sauce marinieren und mit Barbecue-Gewürzsalz würzen. Auf dem Grill rosa garen.

Polenta ½ weiße Zwiebel, in feinen Würfeln | 1 kleiner Rosmarinzweig, fein geschnitten | Olivenöl | 0,2 l Geflügelfond 171 | 170 ml Milch | 100 g Maisgrieß | 80 g Butter | 5 Eigelb | Meersalz

Zwiebelwürfel mit Rosmarin in Olivenöl glasig schwitzen. Geflügelfond und Milch hinzugeben, einmal aufkochen und den Maisgrieß einrühren. 5 bis 6 Minuten gut quellen lassen. Mit dem Handrührgerät die Butter und das Eigelb kräftig untermixen. Mit Meersalz würzen. In die gewünschte Form einstreichen und bei 95 °C Umluft ca. 30 bis 35 Minuten garen. Auskühlen lassen, in ein Rechteck schneiden, daraus einen Kreis ausstechen und beide Polentaschnitten grillen.

Sour Cream 30 g Sauerrahm | 70 g Crème fraîche | 8 kleine Minzblätter in Streifen | Meersalz | Pfeffermühle | etwas Limonen-Abrieb

Die Zutaten für die Sour Cream verrühren und in die ausgestochene Polenta einfüllen.

Gemüse 24 Scheiben Zucchini | je 12 Streifen rote und gelbe Paprika, geschält | 12 Scheiben Auberginen | 16 Artischockenecken | ½ weiße Zwiebel, in Ringen | Thymian | Knoblauch | 4 Streifen Pergamentpapier | Küchengarn | Olivenöl

Geschnittenes Gemüse mit Olivenöl auf dem Pergamentpapier anrichten. Würzen, Thymianzweig darauflegen, Papier zu einem Bonbon verschließen und bei 180 °C ca. 8 bis 10 Minuten garen.

Fertigstellung Ofentomaten 184 | schwarze Oliven

Die Pergamentpapier-Bonbons aufschneiden und die Lammkoteletts darauf anrichten. Die Polenta mit Ofentomaten und Oliven garnieren.

180
184

Leberbraten vom Stallhasen
mit Pfifferlingen und Petersilienspätzle

Leberbraten vom Stallhase

4 ausgelöste Kaninchenrückenfilets mit dem Bauchlappen | 4 große Spinatblätter, blanchiert

120 g Kaninchenleber, in Streifen geschnitten | 50 g Fleischfarce (Kaninchen) 180 | 20 g Pommery-Senf | Bindfaden | Meersalz | Pfeffer aus der Mühle

Kaninchenrückenfilets aufklappen, den Kaninchenbauchlappen mit einem scharfen Messer dünn ausschaben (durchsichtig) und kreuzweise einschneiden.

Die Farce mit dem Senf mischen, hauchdünn aufstreichen, dann das Spinatblatt auflegen.

Die Kaninchenleber einlegen, den Bauchlappen umschlagen und mit Küchengarn zuschnüren. Vorsichtig in der Pfanne anbraten und ca. 6 bis 8 Minuten im Backofen bei 160 °C ziehen lassen. Küchengarn entfernen, tranchieren und mit grobem Meersalz würzen.

Petersilienspätzle

⅓ Bund Petersilie, gewaschen, mit Stiel | 1,5 l Wasser | 4 Eier | 250 g Mehl | 10 g Meersalz

Petersilie mit dem Wasser im Mixer lange mixen. Passieren und vorsichtig aufkochen. Den gewonnen grünen Chlorophylschaum oben abnehmen, in einem Tuch auffangen und kurz trocknen lassen. Eier in einer Schüssel aufschlagen und mit einem Teil der Petersilienmasse mixen. Der Rest kann eingefroren werden.

Das „grüne Ei" zum Mehl geben und einen geschmeidigen Spätzleteig herstellen. Mit Brett und Schaber ins kochende Salzwasser schaben, in kaltem Wasser abschrecken und in der Pfanne nochmals erwärmen.

Pfifferlinge

140 g geputzte Pfifferlinge | 20 g Butter | 60 g Sahne | 20 g Schalottenwürfel | Meersalz | Pfeffer aus der Mühle

Die Pfifferlinge mit der Schalotte in etwas Butter anschwitzen, würzen, den entstehenden Saft der Pilze um die Hälfte reduzieren, mit der Sahne verkochen, Petersilie dazugeben. 12 schöne Pfifferlinge als Garnitur verwenden.

Fertigstellung

12 kleine ausgehöhlte Karottencubes | 180 g Ragout vom konfierten Kaninchenbauch 184 | 8 falsche Kaninchen-Koteletts

Den tranchierten Rücken auf den Pilzen anrichten. Mit Petersilienspätzle garnieren.

Hervorragende Begleiter sind falsche Kaninchenkoteletts und Karottencubes, gefüllt mit konfiertem Kaninchenbauchragout und Nierenroulade.

180
185
171
176
186
179
182

Rehrücken mit Kruste vom Studentenfutter
mit Crêpes Suzette und schwarzen Nüssen

Rehrücken

600 g parierter Rehrücken | Meersalz | Pfeffer aus der Mühle | 125 g Studentenfutterkruste 180 | 120 g Rehsauce (siehe unten) | 100 g Rehfilet, in kleinen Würfeln | 4 hohle Ringe vom gebackenen Frühlingsrollenteig 185

Rehrücken würzen, kurz von allen Seiten anbraten und bei 140 °C Umluft auf 48 °C im Kern garen. 10 Minuten ruhen lassen. Gefrorene Studentenfutterkruste hauchdünn schneiden und auf den gegarten Rehrücken legen. Nur mit Oberhitze (Grill) überbacken.

Kleine Rehfiletwürfel kurz anbraten, mit etwas Rehsauce glacieren und kurz vor dem Anrichten in die vorgebackenen Frühlingsrollenteigringe einfüllen.

Rehsauce

0,2 l Rotwein | 0,1 l Madeira | 0,1 l roter Portwein | 30 g weiße Zwiebeln, in Streifen | 2 Champignons | 8 Wacholderbeeren | ½ Lorbeerblatt | 1 EL Preiselbeeren | 1,0 l Rehfond 171 | 1 Scheibe Früchtebrot | 20 g dunkle Schokolade | Pfeilwurzelmehl

Den Alkohol mit den Zwiebeln und Champignons sowie Gewürzen und Preiselbeeren reduzieren, Rehfond und das Früchtebrot dazugeben. Alles auf ca. 0,2 l reduzieren. Die Schokolade dazugeben, durchmixen und fein passieren. Eventuell mit Pfeilwurzelmehl abbinden.

Crêpes

4 dünn gebackene Crêpes 176 | 20 g brauner Zucker | 2 cl Grand Marnier | 2 cl Orangensaft | 20 g Butter | Abrieb von einer Orange | 24 Orangenfilets (ca. 2 Orangen) | Puderzucker

Zucker karamellisieren lassen, mit Grand Marnier und Orangensaft ablöschen. Butter dazugeben und den Orangenabrieb und die Orangenfilets durchschwenken. Das warme Ragout in die warmen Crêpes einschlagen, mit Puderzucker bestäuben und karamellisieren.

Fertigstellung

8 Scheiben schwarze Nüsse 186

Scheiben der schwarzen Nüsse mit Einkochsaft glacieren. Rehrücken tranchieren, mit den Crêpes, den Nüssen und den Rehfiletwürfeln anrichten.

Dazu schmecken Selleriepüree 179 und Wirsinggemüse 182.

Rinderfilet mit Trüffel-Hollandaise
mit rotem Mangold, Staudensellerie und glacierter Birne

Rinderfilet
800 g Rinderfilet, pariert, Mittelstück, sauber gerichtet | Meersalz | Pfeffer aus der Mühle | Nussbutter

Rinderfilet würzen, sofort rundum scharf anbraten, auf ein Gitter legen und bei 90 °C Umluft auf 58 °C im Kern garen, ca. 20 Minuten ruhen lassen. Kurz in brauner Nussbutter nachbraten, tranchieren.

Mangold
600 roter Mangold, geputzt | 20 g Zwiebelconfit 180 | Meersalz | Pfeffer aus der Mühle | Muskatnuss

Mangoldblätter in einer großen Pfanne mit dem Zwiebelconfit anschwitzen, mit Meersalz, Pfeffer und Muskatnuss würzen, auf ein Sieb geben, Saft kurz ausdrücken und heiß anrichten.

Staudensellerie
4 Stangen geschälter, gewaschener Staudensellerie | 20 g Walnussöl | Meersalz | Pfeffer aus der Mühle | 20 g Butter

Staudensellerie der Länge nach in ca. 4 mm breite Streifen schneiden. Die Streifen al dente blanchieren, kurz abschrecken. Zu Schneckennudeln rollen, mit Walnussöl, Meersalz, Pfeffer, etwas Butter und Wasser glacieren.

Glacierte Birne
1 reife Birne | 20 g Zucker | 10 g Honig | 30 g Weißwein | 20 g Butter | Pfeilwurzelmehl (oder Speisestärke) zum Abbinden

Geschälte Birnenspalten mit Zucker und Honig anbraten, leicht karamellisieren lassen. Mit dem Weißwein ablöschen, Butter dazugeben, mit dem angerösteten Pfeilwurzelmehl (nur ein Hauch) binden.

Trüffel-Hollandaise
60 g Sauce Hollandaise 172 | 30 g kleine Trüffelwürfel | 20 g Nussbutter | Meersalz

Die Trüffelwürfel in der Nussbutter mit Meersalz anschwitzen und zur Hollandaise-Reduktion geben.

Fertigstellung
12 Steinchampignons, geputzt, halbiert | 25 g Butter

Steinchampignons kurz in Butter schwenken. Mit dem Filet, dem Gemüse, den glacierten Birnenstücken und der Trüffel-Hollandaise anrichten.

TIPP

Sauce Hollandaise

Es empfiehlt sich das Grundrezept mit 250 g Butter herzustellen, da kleine Mengen sehr schwierig aufzuschlagen sind. Erfahrungsgemäß bleibt nichts übrig.

185
186

Kartoffel-Steinpilz-Gröschtl
mit hausgemachter Blutwurst auf Birnen, Majoran und Senf-Luft

Kartoffel-Steinpilz-Gröschtl

300 g kleine Kartoffelwürfel, 2 Minuten blanchiert | 30 g Butterschmalz | 20 g weiße Zwiebeln, in Würfeln | 100 g Steinpilzwürfel vom Stiel | 100 g Lauchringe | frischer Majoran | 12 schöne Steinpilzscheiben | 160 g hausgemachte Blutwurst 185, in kleine Ecken geschnitten

Kartoffelwürfel in Butterschmalz goldbraun anbraten. Die Zwiebel- und Steinpilzwürfel dazugeben. Wenn alles eine schöne Farbe hat, die Lauchringe und den frischen Majoran kurz vor Schluss hinzufügen.

Steinpilzscheiben separat grillen und würzen. Blutwurstecken ebenfalls separat braten.

Birnen

12 Birnenspalten | 20 g Puderzucker | 30 g Weißwein | 20 g Butter | 1 Vanilleschote

Die Birnenspalten mit Puderzucker, Weißwein, Butter und Vanilleschote glacieren.

Fertigstellung

Kartoffel-Steinpilz-Ragout auf dem Teller anrichten, mit gebratenen Steinpilzscheiben, Blutwurstecken und den glacierten Birnenschnitzen anrichten.

Mit Senf-Luft 186 garnieren.

TIPP

Pilze säubern

Die Pilze mit einem feuchten Tuch gut abreiben und die Stiele mit einem kleinen scharfen Messer abschaben. Bei großen Pilzen funktioniert auch ein Sparschäler.

DESSERTS

Karamellisiertes Limonenparfait
mit Ananasragout und grünem Pfeffer

Limonenparfait 100 g Eigelb | 100 g Zucker | 80 g Limonensaft | 40 g Bacardi (Rum) | Schale von 1–1 ½ Limetten | 2 Blatt Gelatine | 500 g Schlagsahne

Zucker und Limettensaft aufkochen und sirupartig einkochen, Alkohol hinzugeben.

2 Blatt Gelatine einweichen und im heißen Sirup auflösen. Eigelb anschlagen, heißen Sirup langsam zugeben und cremig aufschlagen. Wenn die Masse kalt geschlagen ist, die geschlagene Sahne unterheben, in eine Form (z. B. kleine Silikon-Muffin-Förmchen oder längliche Terrinenform) füllen und gefrieren.

Ananasragout 150 g Ananas, in kleinen Würfeln | 30 g brauner Zucker | ein Hauch Vanille | ein Hauch Sternanis | 25 g Ananassaft | 20 g Weißwein | 20 grüne Pfefferkörner

Den Zucker in einer Pfanne karamellisieren. Die Ananaswürfel dazugeben, kurz durchschwenken und den Hauch Vanille und Sternanis hinzufügen. Mit dem Saft und Weißwein ablöschen und die Pfefferkörner dazugeben. Bei Bedarf mit etwas Pfeilwurzelmehl binden.

Fertigstellung Parfait kurz vor dem Servieren mit braunem Zucker bestreuen, mit einem Bunsenbrenner karamellisieren und auf dem Ananasragout anrichten.

Dazu schmecken gebackene Mandelblätter 187.

Piña Schokolada
Dessertkreation von Kokos, Ananas und Schokolade

Schokoladen-Crême brulée

40 ml Milch | 80 ml Sahne | 10 g Zucker | 2 Eigelb | 50 g Schokolade mit 68 % Kakao

Milch und Sahne aufkochen, Eigelb mit Zucker kurz aufschlagen, mischen und zur Rose abbinden (mindestens 80 °C). Die zerhackte Schokolade dazugeben und mit einem Zauberstab vorsichtig auflösen.

Kokos-Crême brulée

60 ml Kokosmilch | 60 ml Sahne | 25 g Zucker | 2 Eigelb

Kokosmilch und Sahne aufkochen, Eigelb mit Zucker kurz aufschlagen, mischen und zur Rose abbinden.

Die zwei Massen miteinander in eine feuerfeste Schale füllen und bei 98 °C im Backofen eine Stunde indirekt pochieren.

Piña-Colada-Sorbet

½ Ananas oder 400 g Ananassaft | 250 ml Kokosmilch | 100 g Zucker

Ananas entsaften, Kokosmilch leicht erwärmen und den Zucker darin auflösen. Mit Ananassaft mischen und in einer Eismaschine gefrieren lassen.

Kakao-Zigarren

50 g Butter | 50 g Puderzucker | 1 Eiweiß | 15 g Kakaopulver | 25 g Mehl | 50 g Kokosflocken

Die weiche Butter mit dem Puderzucker schaumig rühren. Eiweiß dazugeben und einarbeiten. Zum Schluss das gesiebte Kakaopulver und Mehl dazugeben. Die Masse mit Hilfe eines Spritzbeutels zu einem Viereck spritzen, mit Kokosflocken bestreuen, restliche Brösel abschütten und im Backofen bei 180 °C ca. 10 Minuten backen (Backpapier verwenden).

Fertigstellung

Die Kakao-Zigarren um die Crême brulée platzieren, das Piña-Colada-Sorbet daneben anrichten und nach Wunsch mit klein geschnittener Ananas und Pistazien garnieren.

TIPP

Zur Rose abbinden bedeutet im Fachjargon, eine Bindung zwischen Eigelb und Flüssigkeit zu erzielen. Die Mischung wird unter ständigem Rühren auf ca. 80 bis 85 °C erhitzt. Taucht man einen Löffel ein und bläst darauf, entsteht ein Rosenblattmuster.

Rote Grütze „Burg Staufeneck"

Leicht geliertes Beerensüppchen

500 g frische, gemischte Beeren (Heidel-, Brom-, Johannis-, Erdbeeren) | 5 EL Zucker | 4 EL Banyuls oder roter Portwein | 4 Blatt Gelatine

Alle Zutaten bis auf die Gelatine in eine Schüssel geben und mit Frischhaltefolie luftdicht abdecken. Im köchelnden Wasserbad ca. 6 Minuten erwärmen, bis die Beeren ein bisschen Saft abgeben und die Flüssigkeit genug Temperatur hat, um die eingeweichte und abgetropfte Gelatine aufzulösen (mindestens 50 °C). In kleine Suppenteller abfüllen und kaltstellen.

Vanille-Schokoladen-Mousse

⅛ l Milch | 1 Vanilleschote | 200 g weiße Schokolade | 200 g Sahne | 2 Blatt Gelatine

Milch mit der Vanilleschote aufkochen, eingeweichte und abgetropfte Gelatine darin auflösen, zu der fein gehackten Schokolade geben und glatt rühren. Ca. 10 Minuten abkühlen, dann die geschlagene Sahne unterheben. Darauf achten, dass die Mousse eine flüssige Konsistenz hat.

Eine dünne Schicht Mousse über die gelierten Süppchen gießen.

Beerenespuma

50 g Erdbeeren | 50 g Himbeeren | 50 g Johannisbeeren | 50 g Brombeeren | 50 g Heidelbeeren | 30 g Zucker | 2 Blatt Gelatine

Die Beeren bis auf einige wenige zur Dekoration pürieren und abpassieren, den Zucker dazugeben. Eingeweichte und abgetropfte Gelatine schmelzen und unterrühren. In einen Sahnespender füllen, Gaspatronen zugeben und kräftig schütteln. Kalt stellen.

Fertigstellung

Die Teller mit der Espuma anrichten und mit frischen Beeren ausgarnieren.

Dazu passen Erdbeer-Marshmallows 187 mit gebackenen Erdbeer-Hippen 187.

Birnenbaum

Baumkuchen

70 g Zucker | 140 g Butter | Mark aus ½ Vanilleschote | 5 Eigelb | 1 Schuss weißer Rum | 70 g Mondamin | 5 Eiweiß | 70 g Mehl

Zucker, Butter und Vanillemark schaumig schlagen, das Eigelb dazugeben, den weißen Rum und das mit Speisestärke vermischte Mehl unterheben. Das Eiweiß steif schlagen und unterheben.

Den Backofen auf Grill schalten. Ein Backblech mit Backpapier belegen, immer wieder dünne Teigschichten gleichmäßig goldbraun backen (nicht zu lange, sonst bricht der Baumkuchen), bis die Masse aufgebraucht ist.

Vanille-Birnen-Parfait

100 g Zucker | 100 g Eigelb | Mark aus 1 Vanilleschote | 100 g Birnenpüree (roh pürierte Birne) | 500 g Sahne | 3 Blatt Gelatine

Zucker, Eigelb, Vanillemark und die Hälfte vom Birnenpüree in eine Schüssel geben und im Wasserbad mit einem Schneebesen unter ständigem Rühren auf 70 °C erhitzen. Die eingeweichte Gelatine darin lösen und kalt aufschlagen. Den Rest des Birnenpürees und die geschlagene Sahne unterheben, in die Ringe vom Baumkuchen abfüllen und einfrieren.

Schokoladensauce

200 g Milch | 170 g Schokolade (Guanaja 70 %)

Schokolade in der Mikrowelle zum Teil schmelzen und die kochende Milch auf drei Mal einarbeiten. Kalt stellen.

Kandierte Birnen
Weißer Birnensud
Roter Birnensud

2 reife Birnen | ¼ l Wasser | 125 g Zucker | Apfelminze | ¼ l Portwein | 100 g Zucker | 1 kleine Zimtstange

Wasser, Zucker und die Apfelminze aufkochen.

Portwein, Zucker und die Zimtstange ebenso zum Kochen bringen.

Mit Hilfe eines kugelförmigen Ausstechers kleine Kugeln aus der Birne schneiden und jeweils einige in eine der kochenden Flüssigkeiten geben. Die Kugeln darin ca. 2 Minuten pochieren lassen.

Pochierte Birne Gute Luise

4 kleine Birnen | ½ l Wasser | 250 g Zucker | Apfelminze | ½ Stange Zimt

Die Birnen nach derselben Methode garen wie die Kugeln.

Fertigstellung

Teller mit Schokoladensauce und den zweifarbigen Birnenkugeln belegen. Baumkuchen und Vanille-Birnen-Parfait in die Mitte setzen. Darauf die pochierte Gute-Luise-Birne mit der Schokoladenkugel und den Apfelminzblättern dekorieren.

TIPP

Schokoladenkugel

300 g dunkle Kuvertüre

⅔ der Kuvertüre auf 50 °C schmelzen. Den Rest der Kuvertüre dazugeben und auf 31 °C abkühlen lassen. In 2 Halbkugeln aus Metall gießen, sofort wieder abgießen und bei einer Temperatur von ca. 20 °C auskristallisieren lassen. Aus der Form lösen und zusammenkleben. Mit Hilfe eines erwärmten Ausstechers verschiedene Löcher in ungleichmäßigen Abständen stechen.

Schokoladenkuchen
mit Rhabarberkompott gefüllt und Eis von reduzierter Landmilch

Schokoladenkuchen-Masse

160 g Schokolade mit 70% Kakao-Anteil | 60 g Butter | 2 Eier | 60 g Zucker | 30 g Mehl

Die zerhackte Schokolade mit der Butter schmelzen, gleichzeitig die Eier mit dem Zucker aufschlagen. Beide Massen miteinander vermischen und das Mehl mit Hilfe eines Schneebesens einarbeiten. Am besten über Nacht in den Kühlschrank stellen.

Rhabarberkompott

400 g Zucker | 300 g Rhabarber

Rhabarber schälen und die Schalen für die Sangria beiseite legen. Zucker in einen Topf geben und bei mittlerer Hitze karamellisieren lassen, bis er zu einer schönen goldbraunen Flüssigkeit wird. Rhabarber in kleine Stücke schneiden, dazugeben und mit Hilfe eines Kochlöffels ständig rühren, bis sich die Flüssigkeit aus dem Rhabarber mit dem Karamell zu einer dickflüssigen Sauce verbindet. Den Topf vom Herd nehmen, abdecken und ziehen lassen. In Ringe oder in Espresso-Tassen füllen und einfrieren.

Rhabarber-Sangria

Schale vom Rhabarber | 100 g Himbeeren | 1 l Wasser | 200 g Zucker | Schale und Fleisch einer Orange | 150 g Noilly Prat

Alle Zutaten zusammen aufkochen, eine Stunde ziehen lassen und passieren. In Gläser füllen.

Reduziertes Landmilch-Eis

1,5 l Milch | 60 g Zucker

Die Milch vorsichtig auf ½ Liter reduzieren. Zucker dazugeben, abkühlen lassen und in eine Eismaschine geben.

Kuchen backen

Backringe oder kleine Förmchen mit eingefettetem Papier auslegen, Teig einfüllen und gefrorenen Rhabarber hineindrücken. Entweder gleich bei 180 °C ca. 10 Minuten backen oder einfrieren und im gefrorenen Zustand 12 Minuten bei 200 °C backen. (Diese zweite Variante ermöglicht einen viel flüssigeren Kern im Kuchen). Ein paar Minuten nach dem Backen ruhen lassen.

Fertigstellung

Die Schokoladenkuchen aus dem Ring lösen, mit Eis und Rhabarber-Sangria anrichten und servieren.

Aprikosen-Nougat-Tartelette

Aprikosencreme

250 g Aprikosenpüree | 60 g Zucker | 60 g Butter, in kleinen Würfeln | Mark aus ½ Vanilleschote | 1 EL Vanillepuddingpulver | 2 Eigelb | 2 Blatt Gelatine | 2 EL Orangenlikör | 200 g Sahne

Püree, Zucker, Butterwürfel und das ausgekratzte Vanillemark zum Kochen bringen. Puddingpulver mit ein wenig Wasser anrühren, in die kochende Creme einarbeiten und für weitere zwei Minuten kochen, dabei ständig mit einem Schneebesen rühren. Anschließend die Eigelbe einarbeiten. Auf ein Backblech gießen, sofort mit einer Frischhaltefolie abdecken und ganz abkühlen lassen.

Die gesamte Masse in eine Küchenmaschine mit Schneebesen geben und ein wenig glattrühren. Die aufgeweichte Gelatine in heißem Likör auflösen und in die Creme geben. Dann die halb geschlagene Sahne unterheben. Kalt stellen.

Aprikosen-Krupuk

125 g Aprikosenpüree (roh pürierte Aprikosen) | 100 g Tapioka-Mehl | 1 EL Aprikosenaroma-Paste

Alle Zutaten vermischen, auf eine backfeste Silikonmatte aufstreichen und 10 bis 15 Minuten dampfgaren. Anschließend für drei Stunden bei 70 °C trocknen lassen. In kleine Stücke schneiden und in einer Fritteuse mit 180 °C ausbacken.

Das Gelingen dieses Rezeptes hängt von der richtigen Trocknung des Krupuk ab.

Müsli-Tartelette

187

Nougat-Parfait mit Orangen

150 g Haselnuss-Nougat | Schale von ½ gewaschenen Orange | 2 Eiweiß | 60 g Zucker | 150 g geschlagene Sahne

Nougat im Wasserbad schmelzen, den Orangenabrieb dazugeben. Eiweiß und Zucker mit einem Schneebesen ebenfalls im Wasserbad auf 65 °C erhitzen, ins Rührwerk einer Küchenmaschine geben und kalt aufschlagen lassen. Den Nougat mit ⅓ der halb geschlagenen Sahne emulgieren, die kalte Eiweißmasse dazugeben und die restliche Sahne unterheben.

Die Masse in ein Gefäß geben und durchfrieren lassen. Mit einem Kugelausstecher kleine Murmeln formen.

Fertigstellung

Schokoplättchen | Minzblätter

Die ausgestochenen Nougatkugeln wie auf den Fotos auf den Müsli-Tartelettes anrichten. Mit Hilfe einer Spritztüte (große, glatte Öffnung) kleine Aprikosencreme-Kugeln dazwischen spritzen. Mit Aprikosenecken, Krupuk, Schokoplättchen und Minzblättern garnieren.

Blanc manger von Erdbeeren
mit Erdbeer-Quark-Mousse und eigenem Sorbet

Erdbeer-Quark-Mousse 350 g Erdbeeren | 4 EL Zucker | 250 g Magerquark | 4 Blatt Gelatine | 300 g Sahne

Die Erdbeeren mit Zucker und Magerquark pürieren. Die Gelatine einweichen und abtropfen lassen. Bei mittlerer Hitze schmelzen, mit 3 EL der Quarkmasse glattrühren, dann zügig unter die restliche Quarkmasse mischen. Die halb geschlagene Sahne unterheben. In einer Schüssel für mindestens 2 Stunden im Kühlschrank fest werden lassen. Mit Hilfe eines warmen Esslöffels Nocken abstechen. Alternativ Quark-Mousse in einen Spritzbeutel füllen, auf die Erdbeerfolie 187 spritzen und das Mousse zu Erdbeer-Cannelloni 187 in die Folie einwickeln.

Grießbiskuit 175 ml Milch | 50 g Butter | 50 g Zucker | Abrieb von ½ Zitrone und ½ Orange | 50 g Hartweizengrieß | 2 Eigelb | 3 Eiweiß

Milch mit Butter, Zucker und den Abrieben aufkochen. Topf vom Herd ziehen, Grieß dazugeben, zurück auf den Herd stellen und mit einem Schneebesen einrühren – brennen – bis das Ganze eine dickflüssige Konsistenz bekommt. Abkühlen lassen und das Eigelb zugeben. Anschließend das steif aufgeschlagene Eiweiß unterheben. Die Masse auf ein Backblech geben, flach streichen und ca. 15 Minuten bei 190 °C goldbraun backen.

Blanc Manger 250 g Crème fraîche | 4 EL Zucker | 2 Blatt Gelatine | 2 Tropfen Bittermandel-Aroma | 150 g Sahne | einige schöne Erdbeeren, in dünne Scheiben geschnitten

Die Crème fraîche mit Zucker aufkochen und die eingeweichte und abgetropfte Gelatine darin auflösen. Bittermandel-Aroma dazugeben und abkühlen lassen. Die halb geschlagene Sahne unterheben. Die Ränder eines Dessertrings (ca. 6 cm Durchmesser) mit den Erdbeerscheiben ausgarnieren. Den Boden mit einer Scheibe Grießbiskuit auslegen und anschließend mit Blanc Manger auffüllen.

Erdbeersorbet 100 ml Wasser | 80 g Zucker | 500 g Erdbeeren

Wasser mit Zucker aufkochen und abkühlen lassen, mit den pürierten Erdbeeren mischen und in der Eismaschine gefrieren lassen. Alternativ in eine flache Schüssel füllen, ins Eisfach stellen und gelegentlich mit einer Gabel verrühren.

Fertigstellung Erdbeer-Quark-Mousse oder -Cannelloni auf einem Biskuitquadrat anrichten, daneben das Erdbeersorbet auf dem Blanc Manger platzieren.

Saurer Apfel

Grüner-Apfel-Mojito

2 Granny-Smith-Äpfel | 1 Handvoll Eiswürfel | 6 Blatt Minze | Saft und Schale von 1 Limette

Die Äpfeln entkernen, in große Stücke schneiden, mit den restlichen Zutaten in einen Standmixer geben und fein pürieren. Sofort verwenden.

Grüner-Apfel-Marshmallow

150 g Zucker | 90 g Apfelpüree (roh pürierter Granny-Smith-Apfel) | 25 g Zitronensaft | 125 g Honig | 7 Blatt Gelatine | grüne Lebensmittelfarbe

Zucker, Apfelpüree, Zitronensaft und 50 g Honig in einen Topf geben und ca. 2 Minuten kochen. Den restlichen Honig in eine Rührschüssel geben und die kochende Flüssigkeit darauf gießen. Die eingeweichte und geschmolzene Gelatine dazugeben und rühren, bis die Masse fast erkaltet ist.

Auf ein eingefettetes Backblech mit einem Spritzbeutel 12 cm lange „Würmer" legen und kalt stellen. Etwas Fein-Zucker mit flüssiger grüner Lebensmittelfarbe einfärben. In dem gefärbten Zucker wälzen und ½ Tag bei Raumtemperatur trocken lassen.

Apfelmatte

500 g Granny-Smith-Püree | 50 g Zucker | 25 g pflanzliche Gelatine

Alle Zutaten vermischen und zum Kochen bringen. Sofort auf ein mit Backpapier ausgelegtes oder auf ein gefettetes Backblech gießen. Abkühlen lassen und Formen ausstechen.

Apfelsauce

187

Fertigstellung

Die Apfelmatte auf einem Teller mit Apfelsauce und Apfelspalten garnieren. Grünen Schokoladenapfel mit Apfel-Mojito füllen und den Apfelwurm durch die Löcher schieben.

Dazu schmeckt Apfel-Minz-Sorbet 187.

TIPP

Grüner Schokoladenapfel

300 g weiße Kuvertüre

⅔ der Kuvertüre auf 45 °C schmelzen. Den Rest der Kuvertüre dazugeben und auf 29 °C abkühlen lassen. In 2 Halbkugeln aus Metall gießen, sofort wieder abgießen und bei einer Temperatur von ca. 20 °C auskristallisieren lassen. Aus der Form lösen und zusammenkleben. Mit Hilfe eines erwärmten Ausstechers verschiedene Löcher in die obere Hälfte stechen. Kalt stellen und mit einer Farbpistole die grüne Sprühmasse an allen Seiten leicht ansprühen.

Grüne Sprühmasse

175 g weiße Kuvertüre | 75 g Kakaobutter | 4 g fettlösliche, grüne Lebensmittelfarbe

Auf 45 °C schmelzen und benutzen.

TALENT-SCHMIEDE

Die Talentschmiede
„Wer hier gelernt hat, wird überall gerne genommen."

Wenn Thorsten Probost, der erste Koch, den Rolf Straubinger auf Burg Staufeneck ausbildete, noch heute sagt „Für mich bleibt Rolf immer der Chef!", dann sagt das viel über den Ausbilder aus. Schließlich ist Thorsten Probost im Jahr 2011 zu „Österreichs Koch des Jahres" gewählt worden.

Seit 1989 bildet Rolf Straubinger Köche aus, und viele seiner Lehrlinge haben nicht nur vielfältige Auszeichnungen gewonnen, sondern immer auf die eine oder andere Weise den Kontakt zur Burg und zu ihrem Lehrmeister erhalten. Allen gemeinsam ist die Hochachtung vor dem „Perfektionisten", dem „Improvisationstalent", dem „Kreativen", dem „Unternehmer" und dem „Familienmenschen" Rolf Straubinger. Und alle loben die familiäre Atmosphäre während ihrer jeweiligen Lehrzeit. „Fördern und fordern" gehört für den Lehrmeister zu den Grundsätzen einer guten Ausbildung.

Mittlerweile gilt Burg Staufeneck als einer der herausragenden Ausbildungsbetriebe in Deutschland. Dies zeigt sich in den Lebensläufen und an den Erfolgen seiner Schüler, von denen hier einige kurz vorstellt werden – ohne Anspruch auf Vollständigkeit. Sie sind der Beweis für Rolf Straubingers Überzeugung: „Wer hier gelernt hat, wird überall gerne genommen."

Thorsten Probost
Burg Vital Hotel
Oberlech am Arlberg

„Etzt lern erscht mol schaffe. Koche ka Dir dann der Rolf beibringe." Das war einer der ersten Sätze, den Thorsten Probost zu Lehrbeginn 1989 von Lore Straubinger, seiner Seniorchefin, zu hören bekam. Als Rolf Straubinger 1990 nach bestandenem Meisterkurs dann Küchenchef wurde, sei das so etwas wie ein „Naturereignis" gewesen. Vom einen auf den anderen Tag habe sich alles geändert: „Der alte Tellerwärmer wurde zum Warmhalteofen umfunktioniert, und ich musste mir mal eben gänzlich unbekannte Dinge wie ‚Foie gras' (Stopfleber) aneignen".

Heute ist Thorsten Probost Chefkoch in einem der ersten Häuser Österreichs, dem Burg Vital Hotel in Oberlech am Arlberg, und ist 2011 vom Gault Millau zu „Österreichs Koch des Jahres" gekürt worden. Rolf Straubinger habe seine Liebe zum Kochen geweckt und ihn auf allen Stufen seiner Karriereleiter begleitet – auch als Probost seine Herausforderungen schon weit entfernt vom heimischen Stauferland suchte.

Seine erste Auszeichnung gewann er gemeinsam mit Rolf Straubinger beim Krombacher-Wettbewerb „Gläsernes Halstuch". Die Gewinnsumme durfte er „als Anerkennung für die gute Lehrzeit" ebenfalls behalten – so etwas schweißt zusammen.

Angela Daferner
Landgasthof Hirsch Manolzweiler

Von 1987 bis 1990 – als die Scheune noch Hühnerfarm war – war Angela Daferner die erste weibliche Auszubildende auf Burg Staufeneck. Für sie zeichnet einen guten Koch aus, dass er flexibel ist, schnell wichtige Entscheidungen treffen kann und ein guter Teamplayer ist. „Deshalb ist Rolf für mich immer ein großes Vorbild geblieben. Er ist ein begnadeter Koch und ein Perfektionist vor dem Herrn", schwärmt sie. Heute betreibt sie in dritter Generation den Familienbetrieb Landgasthof Hirsch in Manolzweiler auf dem Liasrücken des Schurwaldes zwischen Rems- und Neckartal, wo die Atmosphäre ähnlich familiär ist wie auf Staufeneck.

Rolf Straubinger habe sie zur Teilnahme an einigen Wettbewerben animiert, erzählt Daferner. Mit einem von Rolf Straubinger inspirierten Vier-Gänge-Menü gewann sie beispielsweise den Drei-Länder-Wettbewerb auf der Internationalen Bodenseemesse. „Alles ist möglich", hat Straubinger ihr am Ende der Lehrzeit mit auf den Weg gegeben. Ein Motto, das Angela Daferner auch für ihr eigenes Leben beherzigt hat – ob als Köchin auf einem Kreuzfahrtschiff oder im heimischen Betrieb.

Christiane Kastner
Küchenchefin RÜSSELs Landhaus St. Urban
Naurath

Für Christiane Kastner ist Burg Staufeneck im Laufe der Zeit so etwas wie eine Ersatzfamilie geworden. Obwohl sie aus dem nahegelegenen Ebersbach an der Fils stammt, hat sie zu Beginn ihrer Lehre vor lauter Heimweh „an der Kaffeemaschine Rotz und Wasser geheult" und ist von der Burg-Familie im wahrsten Sinne des Wortes in den Arm genommen worden. Auch als sie mit der Diagnose Multiple Sklerose ein Schicksalsschlag ereilte, waren ihr Rolf Straubinger und seine Mannschaft „eine super Stütze": „Ich konnte nach der Diagnose noch ein Jahr auf Staufeneck bleiben und das alles verarbeiten". Mittlerweile hat sie richtig Karriere gemacht – trotz allem! Wesentlich trugen dazu die vielen Preise bei, die sie im dritten Lehrjahr gewonnen hat. Ob Staufenpokal, die Deutsche Jugendmeisterschaft oder der Wettbewerb „Die zehn Besten" – immer hieß die Siegerin im Jahr 1999 Christiane Kastner. Nach ihren Wanderjahren im Saarland hat sie 2004 in RÜSSELs Landhaus St. Urban in Naurath nahe Trier ein neues familiäres Umfeld gefunden. Dort ist sie seit 2008 Küchenchefin im exzellenten, mit einem Stern dekorierten Restaurant.

Axel Dorfschmid
Geschäftsführer Exciting Events
Frickenhausen

„Kochen kann auch schön sein. Man kann in der Mittagspause Tennis spielen oder – wie ich in meiner Zeit in Nizza – Stunden am Strand verbringen", hat Rolf Straubinger in einem Vortrag über den Beruf Koch erklärt und damit die Neugier von Axel Dorfschmid geweckt. „Aus heutiger Sicht", sagt der Lehrling von 1995 bis 1998, „war es ganz schön naiv, das zu glauben. Das mit dem Tennis ging natürlich nicht immer, denn die Lehre auf Staufeneck war harte Arbeit." Auch Axel Dorfschmid hat noch das „alte" Staufeneck kennengelernt – ohne Hotel, Auffahrt und Scheune. „Es ist toll zu sehen, welche Entwicklung das hier genommen hat. Mein beeindruckendstes Erlebnis während der Lehre war die Begegnung mit Hannelore Kohl beim Ball der Sterne, bei dem wir Caterer waren."

Heute ist er selbst mit seiner Firma „Exciting Events" auf originelle und außergewöhnliche Caterings spezialisiert. Und dass „Kochen schön ist", findet er schon lange – auch ohne Tennis und Strand.

Ludwig Heer
Ludwigs feinste Pralinen
Göppingen

Ludwig Heer ist der Einzige von Rolf Straubingers ehemaligen Lehrlingen, dem wie seinem Lehrherrn das Kunststück gelang, sich bis ins Finale des bedeutendsten Kochwettbewerbs der Welt, dem „Bocuse d'Or", zu kochen – und fast, aber nur fast, wäre es ihm gelungen, seinen Ausbilder zu übertreffen. Am Ende blieb ihm ein mehr als achtbarer achter Platz und die Gewissheit, unter 1.200 Teilnehmern aus aller Welt einer der allerbesten zu sein. „Der Bocuse d'Or ist heute überhaupt nicht mehr mit meiner Zeit (1996) zu vergleichen", sagt Rolf Straubinger. „Es ist unglaublich, auf welchem Niveau dort heute gekocht wird und mit welch hohem finanziellen Polster andere Nationen diesen Wettbewerb angehen." Für Rolf Straubinger ist es „ein Jammer", dass Deutschland bei diesem Wettbewerb eine so geringe Lobby besitzt.

Ludwig Heer, so ist sich sein Ausbilder sicher, wird seinen Weg machen. „Er hat im Nachwuchsbereich alles gewonnen, was es zu gewinnen gibt, war bei Harald Wohlfahrt und ist mit seiner Pralinenmanufaktur genauso erfolgreich wie als Eventkoch."

Seine Verbindung zu Burg Staufeneck hat auch Ludwig Heer nie abreißen lassen: Er gibt dort immer wieder Kochkurse und hilft aus, wenn Not am Mann ist.

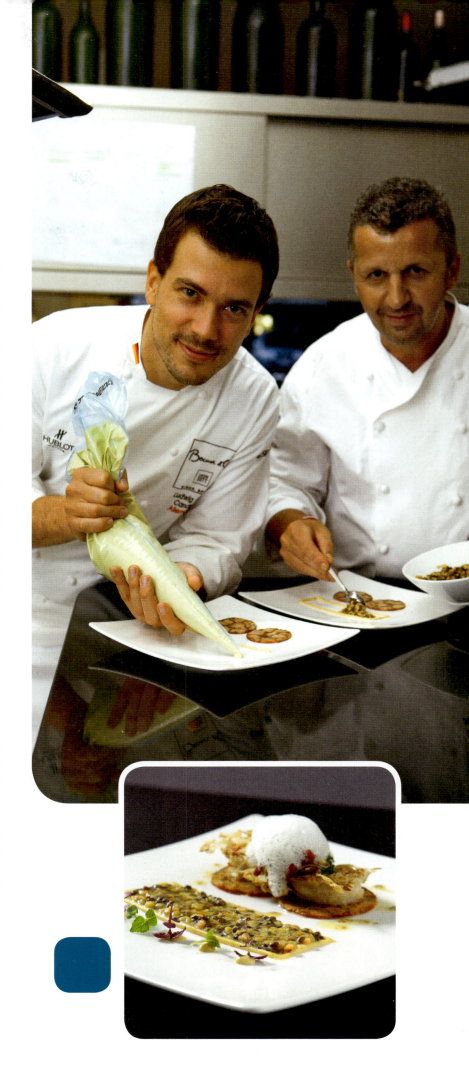

Matthias Rapp
Rappen
Stuttgart

„Wer den Koch kennt, braucht vor dem Essen nicht zu beten" ist einer der Lieblingssprüche von Matthias Rapp, der von 1999 bis 2002 auf Burg Staufeneck gelernt hat.

Seinen größten Wettbewerbserfolg erlangte er 2003 in Mailand. Gemeinsam mit Ludwig Heer gewann er den renomierten „Gualteri Marchesi Award". Bei diesem Wettbewerb treten Vertreter aus zwölf Nationen gegeneinander an. Die Bedeutung des Preises zeigt sich schon daran, dass unter anderen auch Eckart Witzigmann in der Jury saß. Die Umstände, die zu diesem Erfolg führten, waren kurios, denn das Duo ehemaliger Staufeneck-Lehrlinge erfuhr erst eine Woche vor dem Wettbewerb, dass es dort die deutschen Farben vertreten sollte. Offensichtlich haben sie vom Improvisationstalent ihres Chefs profitiert und innerhalb dieser kurzen Zeit ein überzeugendes Ergebnis produziert.

Mittlerweile betreibt Matthias Rapp den Rappen in Stuttgart, eine beliebte Tagesbar mit täglich wechselndem Angebot, wo man gewiss nicht beten muss ...

Michael Kübler
Hotel Fuchsen
Kirchheim unter Teck

„Ich wollte immer schon Koch werden", sagt Michael Kübler, der wie viele Auszubildende von Rolf Straubinger in der Gastronomie groß geworden ist. Im elterlichen Hotel und Restaurant Fuchsen in Kirchheim unter Teck muss er klare Zielvorstellungen entwickelt haben, denn kaum einer hat in seiner Lehrzeit so herausragende Wettbewerbserfolge errungen wie er: Deutscher Meister der Jungköche und deutscher Vizemeister des Hotel- und Gaststättenverbandes. In seiner Lehrzeit haben ihn die Abwechslung und der hohe Leistungsanspruch fasziniert. Wenn er sagt, „es ist fantastisch unter welch hohem Zeitdruck 24 Hände für einen Tisch gute Leistungen bringen und alles Hand in Hand geht", dann leuchten seine Augen. Als er einmal kurz vor einem großen Catering Fingerfood erwärmte statt zu kühlen, lernte er das Improvisationstalent seines Chefs kennen. Der hat mit ihm dann „mal eben" Fingerfood für 120 Leute neu gemacht. Aktuell studiert Michael Kübler „Gastronomie und Hotelmanagement" an der Dualen Hochschule Baden-Württemberg in Ravensburg und möchte danach für eine Zeit im Ausland auf Wanderschaft gehen.

Matthias Walter
Steinheuers Restaurant Zur Alten Post
Bad Neuenahr-Heppingen

„Seit ich sieben Jahre alt bin, stehe ich täglich in der Küche", erzählt Matthias Walter – und es klingt nicht wie eine Last, ganz im Gegenteil: Kochen ist seine Faszination, und das professionelle Rüstzeug dafür hat er auf Burg Staufeneck bekommen.

„Die Menschlichkeit, das Team und vor allem die Seniorchefin Lore Straubinger, die immer ein offenes Ohr für jeden hat", haben ihn geprägt und seinen Ehrgeiz geweckt. Nach seiner Lehre lesen sich seine Stationen wie ein „Who's Who" der Sterneköche: Franz Feckl, Johannes King und Alfons Schuhbeck lauteten die Stationen vor seinem Zivildienst. Danach ging er zu Hans Stefan Steinheuer, der sich in Bad Neuenahr zwei Sterne erkocht hat.

Die Lehre auf Burg Staufeneck bezeichnet er als überragend in der Region und in ganz Baden-Württemberg. Bei seiner trotz jungen Jahren großen Erfahrung muss er das wohl beurteilen können.

Alexander Neuberth
Sieger „Chefsache 2010" und Assistent bei den Fotoshootings

Am Ende der Zubereitung eines jeden Gerichts für die Fotos in diesem Buch schlug seine große Stunde: Garnituren mussten her – zum Beispiel Schaum, manchmal auch Luft genannt. „Im Grunde", meint Alex Neuberth, „war ich Rolfs persönlicher Schaumschläger." Damit untertreibt er allerdings vollständig. Mit großem Geschick und atemberaubender Geschwindigkeit saß jeder Handgriff – auch wenn bei Eiseskälte der Fotograf die ganze Mannschaft nach draußen beorderte, um die Kalbshaxe im Freien zu fotografieren…

Im dritten Lehrjahr auf der Burg hat er schon einiges vorzuweisen. Einen zweiten Platz beim Kellerpilspokal zum Beispiel und den Sieg in der Avantgarde-Klasse beim Wettbewerb „Chefsache 2010". Dort gewann er, obwohl – oder gerade weil – ihm sein Chef das eigentlich geplante Konzept „mal eben in fünf Minuten auf den Kopf gestellt hat". Natürlich hat er auch dort seine ganz besondere Stärke ausgespielt: Das Siegergericht bestand aus gedämpfter Lachsforelle auf Blumenkohl-Couscous, natürlich vollendet mit Safran-Mixed-Pickles-Luft.

Maximilian Trautwein
Burg Staufeneck
Sieger des Kellerpilspokals | Slow Food Messe

Obwohl er gerade erst mit der Lehre fertig ist, genießt Maximilian Trautwein schon das größte Vertrauen seines Chefs. So führt er bereits selbständig Kochkurse auf Burg Staufeneck durch, die sich unter dem Titel „After Work Kochen" großer Beliebtheit erfreuen. Er schätzt vor allem die Vielfalt der Aufgaben auf der Burg, die sich zwischen Sterneküche und großen Caterings bewegen.

Sein Chef sei wegen der vielfältigen Aufgaben manchmal ein wenig kurz mit seinen Anweisungen, meint er. „Der steht halt ständig unter Strom und hat die Fähigkeit, vieles auf einmal zu erledigen". Für einen Auszubildenden sei es daher nicht immer einfach mitzukommen, aber man gewöhne sich mit der Zeit an die Schlagzahl, und es sei eine extrem gute Schule für später, wenn er in den elterlichen Betrieb einsteigen will.

Maximilian Trautwein errang während seiner Lehre den ersten Platz beim Kellerpilspokal und wenig später wurde er Erster auf der Slow Food Messe in Stuttgart, wo er die Juroren unter anderem mit Zweierlei vom Entrecôte überzeugte.

Philipp Kortyka & Ole Trautner
Burg Staufeneck

„Wenn man nicht aus der Gastronomie stammt, hat der Lehrberuf Koch einen großen Nachteil: Man muss zu Hause ständig zeigen, was man gelernt hat", erzählt Philipp Kortyka. „Kochen wird dadurch daheim immer zu einem großen privaten Event." Nachdem er bei einem ehemaligen Auszubildenden von Rolf Straubinger ein Praktikum gemacht hatte, hat ihm dieser Burg Staufeneck als Ausbildungsbetrieb empfohlen. Wenn er 2012 seine Lehre beendet hat, möchte er gerne ins Ausland oder nach Hamburg – was für einen Schwaben wohl so ziemlich das Gleiche ist ...

Auch Ole Trautner ist einer der wenigen Auszubildenden auf der Burg, die nicht aus einer Gastronomenfamilie stammen. Seine Eltern sind im Pflegemanagement tätig, und sein Interesse am Kochen ist quasi aus der Not geboren. „Zu Hause konnte keiner kochen. Da habe ich das eben übernommen." Er bleibt nach der gerade abgeschlossenen Lehre (98 von 100 möglichen Punkten) noch bis 2012 auf der Burg und möchte dann auf einem Kreuzfahrtschiff anheuern und so neue Esskulturen kennenlernen.

Die Hoffnungsträger
Mit besten Aussichten für die Zukunft

Tim Stricker, Leander Leins, Volkan Yildiz, Marcel Hild, Daniel Reupsch und Alexander Knaus (von vorne nach hinten) sind die aktuellen Hoffnungsträger auf der Burg. So werden die jungen Auszubildenden in der ganz eigenen Staufenecker Diktion genannt. Sie sind in den ersten Lehrjahren, machen schon einige Wettbewerbe mit und sammeln die ersten Erfahrungen. Eine Lehrzeitverkürzung gibt es auf der Burg nicht. „Dafür sind die Aufgaben zu vielschichtig", meint der Sternekoch, für den Ausbilden nicht nur eine Verpflichtung, sondern ein persönlicher Ansporn ist. Bei der Auswahl der vielen Bewerbungen kommt es Rolf Straubinger mehr auf das motorische Talent und die richtige Einstellung an als auf gute Noten: „Mir ist ein Einser in Sport lieber als ein Einser in Deutsch!"

Bis zu 12 Auszubildende durchlaufen auf Staufeneck in den verschiedenen Lehrjahren die vielen Stationen eines professionellen gastronomischen Betriebs. Dies umfasst sowohl die verschiedenen Posten in der Küche als auch im Catering – wie zum Beispiel bei den Heimspielen des Handball-Bundesligisten Frisch Auf! Göppingen – oder auch schon die eigenständige Durchführung von Kochkursen, die begleitend zu Tagungen auf Staufeneck angeboten werden.

KOCHSCHULE

Fonds & Saucen

Generell empfiehlt es sich, Fonds und Saucen in den angegebenen Mengen herzustellen. Sie können ohne Qualitätsverlust eingefroren werden. Mit Meersalz sparsam umgehen, da die Fonds meist stark reduziert werden.

Kartoffelfond

60 g Schalottenstreifen | ½ Knoblauchzehe | Olivenöl | 25 g Butter | 50 g klein geschnittene Kartoffeln | 25 g Meersalz | Pfeffer aus der Mühle | ½ Lorbeerblatt | Thymianzweig | 1 l Geflügelfond 171

Schalottenstreifen mit Knoblauch in Olivenöl und Butter ohne Farbe anschwitzen. Kartoffeln dazugeben, mit Meersalz und Pfeffer würzen, Lorbeer und Thymian hinzufügen und mit Geflügelfond auffüllen. So lange köcheln lassen, bis die Kartoffeln weich sind. Danach kräftig durch ein Sieb drücken, damit eine leichte Bindung entsteht. Der Kartoffelfond ist eine gute Basis für viele Marinaden.

Gemüsefond

150 g Zwiebel | 2 Karotten | 4 Stangen Staudensellerie | 100 g Knollensellerie | 100 g Fenchel | 2 Knoblauchzehen, gepresst | 30 g Olivenöl | 1 kleiner Strauß Thymian | 2 Lorbeerblätter | Meersalz | 10 weiße Pfefferkörner | 2 l Wasser | Kräuterstiele (Petersilie, Kerbel etc.)

Das Gemüse waschen und in Würfel oder Ringe schneiden. Die Knoblauchzehen in Olivenöl leicht anschwitzen. Das Gemüse dazugeben. Gewürze und Kräuter mit dem kalten Wasser auffüllen, langsam aufkochen, abschäumen und bei mittlerer Hitze ca. 1 Stunde köcheln lassen. Abpassieren und noch einmal aufkochen lassen.

Kürbisfond | Eingelegter Kürbis

200 ml kaltes Wasser | 200 ml weißer Essig | 20 g frischer Ingwer | 2 Kaffir-Limonenblätter | 300 g Zucker | 2 Nelken | 1 TL Pfefferschrot, gemischt | Meersalz | 2 EL helle Senfsaat | 600 g Hokkaido- oder Muskatkürbis, in Würfeln

Sämtliche Zutaten – außer Kürbis und Senfkörner – in einen Topf geben, einmal aufkochen und ca. 15 Minuten ziehen lassen. Dann die Gewürze abpassieren. Den Kürbis in kleine Würfel schneiden und mit den Senfkörnern vermischen. Den Sud aufkochen, auf den Kürbis geben, noch einmal kurz aufkochen und sofort in sterile Einmachgläser füllen.

Weißer Tomatenfond

500 g frische Tomaten, geviertelt | 100 ml Wasser | Meersalz | Zucker

Tomatenviertel mit dem Wasser, Zucker und Meersalz mixen, in ein Passiertuch oder ein sauberes Geschirrhandtuch geben und über Nacht abtropfen lassen. Der entstandene Saft ist klar und weiß. Der Tomatenfond ist eine gute Basis für viele Marinaden und Saucen.

Fischfond

100 g weiße Zwiebeln | 50 g Staudensellerie | 50 g weißer Fenchel | 50 g Weißes vom Lauch | 4 Champignons | 1 Knoblauchzehe, gepresst | Olivenöl | 1 Thymianzweig | 2 Petersilienzweige | 1 Lorbeerblatt | Meersalz | 1 Zitrone, geschält | 2 Tomaten, geviertelt | 200 ml trockener Weißwein | 1 kg Fischkarkassen (Kopf und Gräten) | 1,5 l kaltes Wasser

Das Gemüse sehr fein schneiden und in Olivenöl anschwenken, alle weiteren Gewürze, Kräuter, Zitrone und Tomaten hineingeben. Mit Weißwein ablöschen. Die Fischkarkassen dazugeben, mit kaltem Wasser auffüllen und einmal aufkochen. Ca. 20 Minuten ziehen lassen und durch ein Tuch passieren.

Hummerfond

450 g Hummerkarkassen | Olivenöl | 300 ml Wasser | 50 g Butter | 1 Knoblauchzehe | 1 Thymianstrauß | 1 Lorbeerblatt | 16 Korianderkörner, geröstet | Meersalz | Cayennepfeffer | 100 g Schalotten oder weiße Zwiebel | 50 g Staudensellerie | 50 g Lauch | 1 Tomate | 50 g Champignons | 30 g Tomatenmark | 0,1 l trockener Weißwein | 50 ml Noilly Prat | 50 ml weißer Portwein | 50 ml Cognac | 1 l Fischfond 170

Die Hummerkarkassen waschen, in einen Topf geben, kurz in Olivenöl anrösten und mit Wasser auffüllen. Butter und Gewürze hinzugeben und ca. 10 Minuten dämpfen. Die Butter darf nicht klären (es muss genügend Flüssigkeit im Topf bleiben)! Das Gemüse und Tomatenmark hinzugeben und weitere 5 Minuten dämpfen. Mit den Alkoholika ablöschen und um die Hälfte reduzieren. Mit dem Fischfond auffüllen, ca. 1 Stunde köcheln lassen und passieren.

Muschelfond

2 EL Olivenöl | 150 g Gemüse, in Würfeln (Karotte, Staudensellerie, Zucchini, weiße Zwiebel, Fenchel) | 1 Knoblauchzehe | 1 Messerspitze Safranfäden | 1 Messerspitze Kashmir-Curry (z. B. Edition Ingo Holland) | 1 Messerspitze milder Paprika | ½ frische Chilischote | 300 g Bouchot-Muscheln (kleine Miesmuscheln, beim Fischhändler vorbestellen) | 100 ml Fischfond ⬆ 170 | 100 ml trockener Weißwein | ½ EL Kartoffel, roh gerieben

Das Olivenöl in einem Topf erhitzen, das Gemüse darin anschwitzen und die geschälte, fein gehackte Knoblauchzehe hinzufügen. Safran, Curry, Paprika und Chili kurz mit anschwitzen, gründlich gewaschene Muscheln dazugeben, Weißwein und Fischfond angießen. Den Topf mit dem Deckel schließen und die Muscheln ca. 3 bis 5 Minuten garen, bis sie geöffnet sind. Mit einem Schaumlöffel herausnehmen, den Sud reduzieren, mit geriebener Kartoffel binden, kurz aufkochen und passieren.

Geflügelfond

50 g Karotten | 50 g Weißes vom Lauch | 100 g kleine weiße Zwiebel | 50 g Staudensellerie | Sonnenblumenöl | 1 Lorbeerblatt | Meersalz | 2 Pfefferkörner | 100 ml trockener Weißwein | 500 g Geflügelkarkassen, fleischig | 1,5 l Wasser

Das klein geschnittene Gemüse in einem Topf farblos anschwitzen, Gewürze einstreuen, mit Weißwein ablöschen und auf die Hälfte der Flüssigkeit reduzieren. Geflügelkarkassen hinzugeben, mit kaltem Wasser bedecken, bei kleiner Hitze 1 Stunde köcheln lassen und den Inhalt durch ein Küchentuch (Passiertuch) passieren.

Heller Kalbsfond

50 g Karotten | 50 g Weißes vom Lauch | 100 g weiße Zwiebel | 50 g Staudensellerie | Sonnenblumenöl | 1 Lorbeerblatt | Meersalz | 2 Pfefferkörner | 100 ml trockener Weißwein | 500 g Kalbsparüren (Fleischabschnitte) | 1,5 l Wasser

Das klein geschnittene Gemüse farblos in einem Topf mit Öl anschwitzen, Gewürze einstreuen und mit Weißwein ablöschen. Die Flüssigkeit auf die Hälfte reduzieren, Kalbsparüren hinzugeben, mit Wasser bedecken, bei kleiner Hitze 1,5 Stunden köcheln lassen und den Inhalt des Topfes durch ein Küchentuch (Passiertuch) passieren.

Dunkler Kalbsfond

500 g Kalbsknochen, klein gehackt | 200 g Kalbsparüren (Fleischabschnitte) | Sonnenblumenöl | 50 g Karotte | 100 g weiße Zwiebel | 1 Knoblauchzehe | 50 g Staudensellerie | 1 Lorbeerblatt | Meersalz | 4 Pfefferkörner | 25 g Tomatenmark | 250 ml Rotwein | 1,5 l Wasser

Die Kalbsknochen bei 180 °C Umluft im Backofen ca. 20 Minuten anrösten. Dann die Parüren mit etwas Öl in einer Kasserolle anbraten, in den Backofen schieben und bei 180 °C Ober-/Unterhitze schön bräunen. Dann das geschnittene Gemüse hinzugeben und ebenfalls bräunen. Gewürze und Tomatenmark unterrühren und kurz mitrösten. Überschüssiges Öl abgießen und mit Rotwein 3 bis 4 Mal nach und nach ablöschen. Die gerösteten Kalbsknochen dazugeben, mit kaltem Wasser bedecken, einmal aufkochen, 2 Stunden leicht köcheln lassen und passieren.

Rehfond

400 g Rehknochen, klein gehackt | 200 g Rehparüren (Fleischabschnitte) | Sonnenblumenöl | 50 g Staudensellerie | 50 g Karotten | 100 g weiße Zwiebel | 50 g Knollensellerie | 1 Lorbeerblatt | 2 Pfefferkörner | 8 Wacholderbeeren | 2 Pimentkörner | Tomatenmark | 50 g Preiselbeeren | 250 ml Rotwein | 100 ml roter Portwein | 1,8 l Wasser | Meersalz

Die Rehknochen bei Oberhitze im Backofen ca. 20 Minuten anrösten. Die Parüren mit etwas Öl in einer Kasserolle anbraten, in den Backofen schieben und bei 180°C Ober-/Unterhitze schön bräunen. Dann das geschnittene Gemüse hinzugeben und ebenfalls bräunen. Gewürze, Tomatenmark und Preiselbeeren unterrühren und kurz mitrösten. Überschüssiges Öl abgießen und mit Rotwein drei- bis viermal nach und nach ablöschen. Die gerösteten Rehknochen dazugeben, mit kaltem Wasser bedecken, einmal aufkochen, anschließend 2 Stunden leicht köcheln lassen und passieren.

Störmilch | Räucherfischmilch

50 g Weißes vom Lauch, in Ringen | 50 g weiße Zwiebel, in Scheiben | Sonnenblumenöl | 200 g Räucherfischabschnitte (Haut, Karkassen) | ½ Lorbeerblatt | Thymianzweige | Meersalz | 500 ml Milch

Gemüse in Öl farblos anschwitzen, Karkassen und Gewürze zugeben, mit kalter Milch auffüllen und bei kleiner Hitze ca. ½ Stunde ziehen lassen und passieren.

Mixed-Pickles-Sud

1 l Wasser | 350 ml Champagneressig | 2 Limonenblätter | 1 Stange Zitronengras | 50 g frischer Ingwer, in Scheiben | 30 ml Ingwer-Sirup (rosa) | ½ EL Pfefferschrot | Meersalz | 200 g Zucker | 1 EL Honig

Alles zusammen aufkochen und 20 Minuten köcheln lassen, abpassieren und den Sud laut Rezept verwenden.

Escabeche-Sud

200 g Weißes vom Lauch | 150 g Karotte | 100 g Zwiebel | 200 g gelbe Paprika | 200 g Fenchel | Olivenöl | 1 Knolle Ingwer, ca. 50 g | 2 Chilischoten | Meersalz | Pfeffer aus der Mühle | Koriandersamen | 2 l Geflügelfond 171 | 1 l Champagneressig oder weißer Essig

Das Gemüse klein schneiden und in Olivenöl anschwitzen, die Gewürze hinzugeben und mit Geflügelfond und Essig ablöschen und ca. 30 Minuten köcheln lassen. Das Gemüse muss weich und ausgekocht sein. Den Sud abgießen und laut Rezept verwenden.

Feine Tomatensauce ergibt ca. 850 ml

40 g Butter | 80 g rote Zwiebel, fein gehackt | 1 Knoblauchzehe, gepresst | 4 vollreife frische Tomaten, klein geschnitten | 150 ml Rotwein | 2 EL Tomatenmark | Zucker | 850 ml San-Marzano-Tomaten (geschält aus der Dose) | 1 Bouquet garni (mit Rosmarin, Thymian, Oregano, Petersilienstengel und Basilikum in ein Tuch eingebunden) | Meersalz | Pfeffer aus der Mühle | Chili nach Geschmack

Die Butter in einem Topf schmelzen, Zwiebel und Knoblauch hinzufügen und ca. 10 Minuten sanft weich dünsten. Tomaten, Rotwein, Tomatenmark, Zucker, San-Marzano-Tomaten und das Bouquet garni hinzugeben. Alles gut mischen und aufkochen. Dann die Hitze reduzieren und ohne Deckel ca. 30 bis 45 Minuten sanft köcheln lassen, bis die Sauce genügend eingedickt ist. Dabei gelegentlich umrühren. Das Bouquet garni entfernen, mit Meersalz und Pfeffer abschmecken, mixen und durch ein grobes Spitzsieb stoßen. Wer es schärfer mag, kann mit etwas Chili abschmecken.

Sauce Hollandaise ergibt ca. 380–400 ml

Reduktion 200 ml Wasser | 30 ml weißer Essig | 1 Schalotte | 5 weiße Pfefferkörner | Petersilienstengel

Alle Zutaten aufkochen, auf ⅓ reduzieren und passieren.

80 g Eigelb, ca. 3–4 Stück | Zucker | Meersalz | 60 g der Reduktion | 250 g geklärte Butter oder Nussbutter | Zitrone oder Worcestersauce nach Geschmack

Das Eigelb mit Zucker, Meersalz und Reduktion im Wasserbad unter ständigem Rühren so lange schlagen, bis die Flüssigkeit vollständig zu Schaum geworden ist. Anschließend mit dem Schneebesen zu einer stabilen Creme rühren. Die geklärte Butter bzw. Nussbutter passieren und bei ca. 40 °C in einem dünnen Strahl in die aufgeschlagene Eigelbmasse einrühren. Mit Zitrone und eventuell Worcestersauce abschmecken.

Kalbsjus

500 g Kalbsparüren | Sonnenblumenöl | 150 g Zwiebel | 50 g Karotte | 50 g Staudensellerie | 4 Knoblauchzehen | 2 Tomaten, geviertelt | 1 Strauß Thymian | 8 Pfefferkörner | ½ Lorbeerblatt | 400 ml Weißwein | 2 l dunkler Kalbsfond 171 | 80 g geriebene Kartoffeln | Meersalz

Die Parüren mit etwas Öl in einer Kasserolle im Backofen rösten. Sobald sie Farbe angenommen haben, das klein geschnittene Gemüse und die angedrückten Knoblauchzehen dazugeben und ebenfalls bräunen. Tomaten, Thymian und Gewürze hinzugeben und das Ganze glacieren. Überschüssiges Fett abgießen. 2 bis 3 Mal mit dem Weißwein ablöschen. Wenn die Flüssigkeit verdampft ist, mit dem Kalbsfond auffüllen und auf ca. 0,5 bis 0,6 l reduzieren. Mit den geriebenen Kartoffeln binden und etwa 10 Minuten kochen lassen. Passieren und abschmecken.

Parmesanschaum

300 ml Geflügelfond 171 | 100 ml Sahne | 70 g Parmesan | 30 g kalte Butter | Meersalz | Pfeffer aus der Mühle | Thymian

Geflügelfond auf 100 ml reduzieren. Sahne und Parmesan zugeben und aufkochen. Die Flüssigkeit mixen und mit kalter Butter verfeinern. Durch ein Haarsieb passieren. Mit Meersalz, Pfeffer und Thymian abschmecken.

Vinaigrettes & Dressings

Vinaigrette (Grundrezept)

60 ml Noilly Prat | 60 ml Weißwein | 60 ml weißer Portwein | 50 ml Geflügelfond 171 | 1 TL Dijon-Senf | 1 TL Akazienhonig | 25 ml weißer Balsamico | Meersalz | Pfeffer aus der Mühle | Zucker | 100 ml Traubenkernöl | 100 ml Sonnenblumenkernöl

Noilly Prat, Weißwein und Portwein auf ein 1/3 reduzieren. Die Reduktion mit den restlichen Zutaten, außer dem Öl, vermengen. Das Öl in einem dünnen Strahl einrühren.

Spargel-Vinaigrette

15 g Sauerrahm | 15 g Crème fraîche | 50 ml Spargelfond (Sud vom gekochten Spargel) | 1 Ei, wachsweich (Kochzeit 6 Minuten) | 50 ml Champagneressig | Meersalz | Pfeffer aus der Mühle | Tabasco | Muskat | 35 ml Sonnenblumenkernöl

Alle Zutaten vermengen und fein mixen, bis die Masse ganz glatt ist. Das Öl in einem dünnen Strahl einrühren.

Limonen-Vinaigrette

25 ml Wasser | 25 g Zucker | 1 Messerspitze Pfeilwurzelmehl | 50 ml Limonensaft | Schale von 1 Limone | 50 ml Olivenöl | Meersalz | Chilipulver

Wasser aufkochen, Zucker einrühren und auflösen, mit wenig angerührtem Pfeilwurzelmehl binden, Limonensaft und Schale zugeben. Mit Meersalz und Chilipulver würzen. Das Öl in einem dünnen Strahl einrühren.

Kartoffel-Weißweinessig-Dressing

20 ml Weißweinessig | 100 ml Kartoffelfond 170 | 20 ml Distelöl | Schnittlauch | Petersilie

Weißweinessig und den Kartoffelfond vermischen. Das Öl in einem dünnen Strahl einrühren. Kurz vor dem Servieren Schnittlauch und Petersilie untermischen.

Balsamico-Dressing

100 ml Geflügelfond 171 | 150 ml Balsamicoessig, 3 Jahre alt | Meersalz | Zucker | 1 El Dijon-Senf | 1 EL Akazienhonig | 200 ml Olivenöl

Den Geflügelfond mit Balsamicoessig und den Gewürzen mixen. Das Öl in einem dünnen Strahl einrühren.

Passionsfrucht-Orangen-Vinaigrette

100 ml Orangensaft | 10 ml Champagneressig | Zucker | Meersalz | Cayennepfeffer | Chili | Fruchtfleisch mit Kernen von 3 Passionsfrüchten | 50 ml Olivenöl

Alle Zutaten miteinander verrühren. Das Öl in einem dünnen Strahl einrühren.

Orangen-Ingwer-Marinade

15 g frischer Ingwer, mit Schale | Sesamöl | 10 g Honig | Zucker | 15 g Süß-Sauer-Sauce | 1 Messerspitze Curry | Meersalz | 4 rosa Pfefferbeeren | 350 ml frisch gepresster Orangensaft

Ingwer in Scheiben schneiden und mit Sesamöl anschwitzen. Mit Honig und Zucker karamellisieren, mit Süß-Sauer-Sauce glacieren. Curry, Meersalz und Pfefferbeeren einstreuen und kurz anrösten. Mit Orangensaft ablöschen, auf ⅓ reduzieren und passieren. Kann kalt oder warm gegessen werden.

Curry- oder andere Gewürzöle

100 ml natives Pflanzenöl (nach Geschmack Oliven- oder Traubenkernöl) | 1 Messerspitze Currypulver oder Paprikapulver oder gemahlener Kreuzkümmel

20 ml des Öls auf ca. 30 °C erwärmen. Gewürz kurz darin rösten, restliches Öl zugeben und ca. 5 bis 6 Stunden ziehen lassen. Fein passieren.

Rote Sauce Rouille

2 rote Paprika, geschält und entkernt | 2 Knoblauchzehen, halbiert, ohne Keimling | 25 ml Olivenöl | Meersalz | Pfeffer aus der Mühle | Zucker | 1 TL Paprikapulver (Rubino) | 200 ml Geflügelfond 171 | 2 Eigelb | 1TL Dijon-Senf | 200 ml Olivenöl | Chilipulver | Saft von ½ Zitrone

Paprika in Streifen schneiden. Mit den Knoblauchzehen in Olivenöl anschwitzen. Mit Meersalz, Pfeffer und Zucker würzen. Paprikapulver einstreuen, ebenfalls kurz anschwitzen. Den Geflügelfond aufgießen und ganz weich kochen. Die Flüssigkeit sollte komplett verkocht sein (wenn die Paprika noch zu hart ist, eventuell Wasser nachgießen). Heiß im Mixer zu einer cremig-feinen Paprikamasse mixen. Eigelb mit Dijon-Senf und Meersalz vermischen. Mit dem Öl als Mayonnaise aufschlagen. Die Paprikacreme unterrühren. Die Rouille mit Chilipulver und Zitronensaft abschmecken.

Gelbe Sauce Rouille

2 gelbe Paprika, geschält und entkernt | 2 Knoblauchzehen, halbiert, ohne Keimling | 25 ml Olivenöl | Meersalz | Pfeffer aus der Mühle | Zucker | Safranfäden | 200 ml Geflügelfond 171 | 2 Eigelb | 1TL Dijon-Senf | 200 ml Olivenöl | Chilipulver | Saft von ½ Zitrone

Paprika in Streifen schneiden. Mit den Knoblauchzehen in Olivenöl anschwitzen. Mit Meersalz, Pfeffer und Zucker würzen. Safranfäden dazugeben, ebenfalls kurz anschwitzen. Den Geflügelfond aufgießen und ganz weich kochen. Die Flüssigkeit sollte komplett verkocht sein (wenn die Paprika noch zu hart ist, eventuell Wasser nachgießen). Heiß im Mixer zu einer cremig-feinen Paprikamasse mixen. Eigelb mit Dijon-Senf und Meersalz vermischen. Mit dem Öl als Mayonnaise aufschlagen. Die Paprikacreme unterrühren. Die Rouille mit Chilipulver und Zitronensaft abschmecken.

Salate

Orangen-Fenchel-Salat

40 g Chorizo, in Würfeln | 40 ml Olivenöl | geröstete Macadamianüsse | 100 g gehobelter Fenchel | Abrieb von ½ Orange | 8 Orangenfilets | ca. 20 ml Zitronensaft | Chilipulver | 8 Basilikumblätter

Chorizowürfel in Öl etwas auslassen. Macadamianüsse in der Pfanne trocken rösten. Den Fenchel dünn hobeln und mit Orangenfilets inkl. Saft, Zitronensaft, Olivenöl und Chili marinieren. Basilikumblätter, Nüsse und Chorizowürfel hinzufügen und anrichten.

Geräucherter Graupensalat

50 g Perlgraupen, gekocht, ca. 200 g | 50 g Gemüse-Brunoise (ganz klein gewürfeltes Gemüse) | 30 g Kartoffelfond 170 | 15 ml Weißweinessig | 15 ml Distelöl | 1 Messerspitze frischer Meerrettich | Schnittlauch | ½ TL eingelegte Senfkörner 184 | 1 Messerspitze süßer Senf | Räuchermehl

Gekochte Perlgraupen mit einer Räucherpistole ca. 15 Minuten kalt räuchern. Sie sollten ein leichtes Rauch-Aroma haben. Danach mit den anderen Zutaten zu einem schmackhaften Salat anmachen. Dieser Salat wird mit Hilfe eines Spritzsacks in aufgeschnittene Fleischscheiben eingerollt oder als Salat zu Bries oder Süßwasserfisch gereicht.

Teige & Klößchen

Spätzleteig

200 g Mehl Typ 405 | 8 g Meersalz | 3 Eier

Mehl in eine Schüssel geben, Meersalz und Eier in eine andere Schüssel geben und durchmischen. Die gemischten Eier unter ständigem Schlagen mit dem Mehl vermengen. So lange schlagen, bis keine Blasen mehr entstehen. Vom Brett ins kochende Salzwasser schaben, in kaltem Wasser abschwenken und in der Pfanne nochmals erwärmen.

Nudelteig

125 g Mehl Typ 405 | 125 g Hartweizengrieß | 2 Eier | 1 Eigelb | Meersalz | Olivenöl

Eier mit Eigelb, Meersalz und Olivenöl verrühren. Mehl und Grieß auf der Arbeitsplatte mischen, in der Mitte eine Mulde formen, Eimasse einfüllen und langsam von innen nach außen zu einem geschmeidigen Teig kneten. In Klarsichtfolie einwickeln und bei Zimmertemperatur ½ Stunde ruhen lassen. Anschließend ausrollen und zu beliebigen Nudelformen ausarbeiten.

Hefeknöpfle ergibt 1 Stange, ca. 10 Scheiben

25 g Würfelhefe | 200 ml Wasser | 10 g Meersalz | 350 g Mehl Typ 405

Die Hefe in lauwarmem Wasser auflösen. Meersalz und Mehl vermischen. Das Hefewasser zum Salz-Mehl-Gemisch geben und verkneten. Den entstandenen Teig zu einer Rolle formen, diese auf ein leicht mehliertes Lochblech legen und mit einem feuchten Tuch abgedeckt ca. 30 Minuten gehen lassen. Anschließend die Rolle ca. 45 Minuten bei 100 °C dampfgaren. Die Hefeknöpfle können gekocht oder gebraten serviert werden.

Brezelknödel oder Brezelknödel-Soufflé

2 Brezeln, gut getrocknet | 4 Eier, Eigelb/Eiweiß getrennt | 40 ml Milch | 30–40 g Zwiebelconfit 180 | Petersilie | Zucker | Meersalz | Mie de Pain, weiß 180 (oder Semmelbrösel)

Die Brezel in kleine Würfel schneiden. Milch mit Eigelb vermengen und auf die Brezeln geben und 30 Minuten quellen lassen (kann auch über Nacht im Kühlschrank stehen). Zwiebelkonfit und Petersilie dazugeben. Eiweiß mit Zucker und Meersalz steif schlagen und vorsichtig unter die Brezelmasse heben. Runde Formen ausbuttern und mit Mie de Pain oder Semmelbrösel bestreuen. Die Masse einfüllen und bei 100 °C im Dampfgarer oder Dämpfer ca. 12 Minuten garen und sofort servieren. Man kann die fertigen Knödel auch einfrieren und dann in Scheiben oder Würfel schneiden. Kurz angebraten sind sie eine feine Ergänzung zu Salaten oder mit Pilzen sogar ein eigenständiges Gericht.

Crêpeteig

125 g Mehl | 15 g Zucker | Meersalz | 2 Eier | 325 ml Milch | 100 g Sahne

Mehl, Zucker und Meersalz vermischen. Nach und nach mit den 2 Eiern und ⅓ der Milch zu einem glatten Teig verarbeiten. Dann die restliche Milch und Sahne zugeben. Ca. 1 Stunde bei Zimmertemperatur ruhen lassen, damit der Teig beim Backen keine Blasen wirft. Dann dünne Crêpes herausbacken.

Quicheteig

250 g Mehl | 125 g Butter oder Schmalz | Meersalz | 100 g kaltes Wasser | 1 Ei

Mehl und Fett mit den Händen zu einer bröseligen Masse reiben. Ei und Wasser dazugeben und zu einem glatten, geschmeidigen Teig verarbeiten. Ca. 1 Stunde ruhen lassen. Für salzige Kuchen oder Quiches nach Rezept verwenden.

Royal

100 ml Vollmilch | 100 ml Sahne | 200 ml Ei (ca. 4 Eier) | Muskatnuss | Meersalz

Alle Zutaten verrühren und mit Muskatnuss und Meersalz würzen.

Kartoffelteig

500 g Kartoffeln, geschält, in Würfeln | 25 g braune Butter | 100 g Speisestärke | 3 Eigelb | Meersalz | Muskat | Pfeffer aus der Mühle

Kartoffelwürfel in Salzwasser weich kochen, ausdampfen lassen und mit der Kartoffelpresse in eine Schüssel pressen. Die restlichen Zutaten hinzufügen, mit Meersalz, Muskat und Pfeffer abschmecken und zu einem glatten Teig verarbeiten. Dieser Teig kann zu Knödeln geformt und in heißem Wasser gegart werden. Auch Kartoffelplätzchen können damit hergestellt werden. Dafür den Teig als Rolle formen, in Frischhaltefolie einwickeln und im Dampfgarer oder Dämpfer garen. In Scheiben geschnitten und kurz in heißer Butter geschwenkt sind die Plätzchen eine wunderbare Beilage.

Tempurateig

50 ml Tempurateig-Mischung aus dem Asia-Laden | 50 ml Wasser

Die Tempurateig-Mischung und das Wasser mit einem Schneebesen vermischen, glatt rühren und anschließend auf Eis kalt stellen.

Markklößchen

100 g ausgelassenes Knochenmark | 200 g weißes Mie de Pain 180 | 2 Eier | 2 Eigelb | Meersalz | Pfeffer aus der Mühle | Muskat

Das ausgelassene Knochenmark mit dem Handrührgerät schaumig schlagen. Die restlichen Zutaten untermischen und 15 Minuten kühl stellen. Danach alles zu einem Teig verarbeiten, Klößchen formen und in Salzwasser 5 Minuten kochen und weitere 10 Minuten ziehen lassen.

Grießnocken

50 g Butter | 1 Ei | 100 g Grieß | Meersalz | Muskat

Butter schaumig schlagen, Ei dazugeben und kurz weiter schlagen. Grieß unterheben, mit Meersalz und Muskat würzen. Masse ca. ½ Stunde kühl stellen. Mit zwei kleinen Löffeln Nocken formen und in Salzwasser 5 Minuten kochen lassen. Topf abdecken und Nocken weitere 10 Minuten ziehen lassen.

Safran-Grissini

250 g Mehl | Meersalz | Safranpulver, gemahlen | 50 ml Olivenöl | 1 Packung = 8 g Trockenhefe | 100 ml lauwarmes Wasser

Das Mehl mit Meersalz, Safran und Olivenöl verkneten. Die Trockenhefe im lauwarmen Wasser lösen und zum Teig geben. Den Teig für 2 Stunden gehen lassen. Dann dünn ausrollen und in Streifen schneiden. Die Streifen im Backofen bei 180 °C 5 Minuten backen.

Staufenecker Kartoffelbrot

0,15 l Wasser | 16 g Hefe | 600 g Mehl Typ 405 | 160 g Kartoffelstampf (Kartoffeln schälen, in Würfel schneiden, kochen, abgießen und mit dem Kartoffelstampfer zerdrücken) | 12 g Zucker | 16 g Meersalz | 100 ml Hefeweizen

Das Wasser auf ca. 40 °C erwärmen und über die zerbröckelte Hefe gießen. Mehl, Kartoffelstampf, Zucker und Meersalz zusammen mit Bier und Hefewasser in der Rührmaschine zu einem homogenen Teig rühren. Den Teig ca. 1 Stunde gehen lassen. Focaccia-Fladen oder Baguette formen, nochmals aufgehen lassen und mit Olivenöl beträufeln.

Nach Geschmack mit verschiedenen Kräutern oder Oliven belegen und im Backofen bei 200 °C ca. 12 bis 15 Minuten backen.

Linsenpapier

130 g grüne Linsen | 150 g Kartoffel, festkochend | Meersalz | 1 Lorbeerblatt | 1 l Wasser | 2 Eiweiß | 2 EL Apfelessig

Linsen, Kartoffeln, Meersalz und Lorbeerblatt im Wasser so lange kochen, bis das Wasser nahezu verkocht ist. Mixen, durch ein feines Sieb streichen und abkühlen lassen. Eiweiß und Essig hinzugeben und abschmecken. Auf ein Backpapier streichen und im Backofen bei 160 °C ca. 10 bis 12 Minuten backen.

Pürees & Cremes

Kartoffelpüree

500 g Kartoffeln | 250 ml Sahne | 100 g Butter | Meersalz | Pfeffer aus der Mühle | Muskat

Geschälte Kartoffeln in Salzwasser weich kochen, Wasser abschütten, Kartoffeln pressen. Sahne mit Butter aufkochen, einmal durchmixen, dieartoffeln einrühren und abschmecken. Anschließend durch ein feines Sieb streichen, damit das Püree ganz fein wird.

Lauchpüree

1 Stange Lauch | 1 l Wasser | Meersalz | Pfeffer aus der Mühle | Muskat

Lauch putzen und in Ringe schneiden, dann im Wasser ganz weich abkochen und in Eiswasser abschrecken. Den Lauch auspressen, ganz fein mixen und passieren.

Selleriepüree

200 g Knollensellerie, in Würfeln | 600–700 ml Wasser | 50 ml Sahne | 15 g Butter | Meersalz | Pfeffer aus der Mühle | Zucker | Muskat

Selleriewürfel in Wasser ganz weich kochen, das Wasser sollte komplett verdampft sein. Sahne und Butter sowie restliche Gewürze zugeben. Einmal aufkochen und im Mixer lange und fein pürieren.

Gelbes Linsenpüree

40 g weiße Zwiebel, in Streifen | 20 ml Olivenöl | Zucker | 75 g Kartoffeln, in Würfeln | 90 g gelbe Linsen | 500 ml Geflügelfond 171 | Meersalz | 50 g Speckschwarte | 50 g Butter | 50 ml Sahne | 15 ml weißer Essig | 1 Messerspitze Safranpulver | Chili | 1 Lorbeerblatt

Zwiebelstreifen in Olivenöl anschwitzen, Zucker dazugeben, mit Kartoffeln, Linsen, Geflügelfond, Gewürze und Speck einmal aufkochen und alles ganz weich garen. Die Flüssigkeit sollte komplett verkocht sein. Speck entfernen. Sahne und Butter hinzufügen, etwas reduzieren, sehr fein mixen und durch ein feines Sieb passieren. Mit Essig, Meersalz und Chili abschmecken. Zum Anrichten einen Einwegspritzsack verwenden.

Spinatpüree

25 g Butter | ½ EL Zwiebelconfit 180 | Knoblauch | 250 g geputzter Spinat, blanchiert und gut ausgedrückt | 60 ml Sahne | Meersalz | Muskatnuss

Butter bräunen, bis sie einen leichten Nussgeschmack bekommt. Spinat in heißem Wasser blanchieren und mit Zwiebelconfit, Knoblauch und Sahne zur Butter geben. inmal gut durchkochen. Mit Meersalz und Muskatnuss würzen. Zum Schluss mit dem Zauberstab fein pürieren oder ganz fein hacken.

Kräuterpüree | Herstellung von Chlorophyll

100 g gewaschene Petersilie | 200 g gewaschener Spinat | 1 Bund Schnittlauch | ½ Bund Kerbel | 20 Blatt Basilikum | ¼ Bund Koriander | 2,5 l Wasser | 50 g Crème fraîche | Meersalz | Cayennepfeffer

Alle Kräuter mit dem Wasser lange mixen. Es muss ein feines grünes Wasser entstehen. Passieren und einmal aufkochen lassen. Das Blattgrün (Chlorophyll) setzt sich als geronnener Eiweißschaum oben ab. Den Schaum mit einer Kelle abheben. Das restliche Grün kann sehr gut eingefroren werden. ⅓ TL von dem Grün mit Crème fraîche, Meersalz und Cayennepfeffer verrühren. Das Chlorophyll ist sehr intensiv, deshalb sparsam verwenden.

Kopfsalatcreme

100 g Knollensellerie | 75 g Kopfsalat | 25 g Blattpetersilie | 25 g Grünes vom Lauch, blanchiert | 25 g kalte Butter

Sellerie in etwas Wasser weich kochen. Das Wasser sollte komplett verdampft sein. Das Gemüse mit dem Salat, der Blattpetersilie und dem Lauch mixen. Langsam die kalte Butter einrühren, bis eine cremige Masse entsteht.

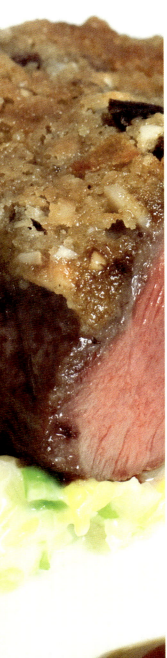

Farcen & Krusten

Fleischfarce

100 g Kalbfleisch oder Kaninchenfleisch | Meersalz | 15 g Eiweiß | 80 ml Sahne | 2 ml Sherry

Das Fleisch in ½ cm große Würfel schneiden, auf ein Blech legen, salzen und das Eiweiß draufgeben. Mit Folie abdecken und für 15 Minuten ins Gefrierfach legen. Das angefrorene Fleisch mit Sahne und Sherry in der Küchenmaschine zu einer cremigen Masse mixen. Diese mit Hilfe eines Teigschabers durch ein feines Farcesieb streichen. Mit Meersalz und Pfeffer abschmecken.

Weißes Mie de Pain

Toastbrot ohne Rinde

Toastbrot ohne Rinde trocknen lassen, danach fein reiben. Kann anstelle von Semmelbröseln verwendet werden.

Grünes Mie de Pain

Toastbrot ohne Rinde | Petersilie

2 Teile trockenes Toastbrot, 1 Teil frische Petersilie (gut geschleudert und trocken). Beides zusammen fein mixen. Kann anstelle von Semmelbröseln verwendet werden.

Studentenfutterkruste

125 g Butter | 15 g Macadamianüsse, gehackt und ohne Fett geröstet | 15 g Cashewkerne, gehackt und ohne Fett geröstet | 60 g gemischte Trockenfrüchte, fein geschnitten | 90 g weißes Mie de Pain 180 | 20 ml Obstbrand oder Likör | Abrieb von je ⅓ Orange und Zitrone

Butter schaumig schlagen, Nüsse, Obst, das fein geriebene, trockene Brot und die restlichen Zutaten unterheben. Masse mit Folie ausgeschlagenen Form einfrieren.

Confits, Pestos & Chutneys

Weißes Zwiebelconfit

200 g weiße Zwiebel, in Brunoise (sehr kleine Würfel) geschnitten | 50 g Butter | 100 ml trockener Weißwein | Meersalz | 1 kleiner Thymianzweig | ⅓ Lorbeerblatt | Pfeilwurzelmehl

Zwiebelwürfel in Butter farblos anschwitzen, mit Weißwein auffüllen, Gewürze hinzugeben und alles bei milder Hitze ganz weich schmoren. Mit etwas Pfeilwurzelmehl (dann bleibt es glasig) oder Speisestärke (trübt das Confit ein wenig ein) abbinden.

Schwarzes Nusspesto

10 g Basilikumblätter | 1 EL Pinienkerne | ½ Knoblauchzehe | 100 ml Olivenöl | 30 ml Nussöl | 60–90 g eingelegte schwarze Nüsse, gehackt 186 | Meersalz | Pfeffer aus der Mühle | Sherryessig | 1–2 EL kräftiger Kalbsjus 172

Alle Zutaten bis auf die Öle mixen. Danach das Öl in einem dünnen Strahl einlaufen lassen.

Kürbis-Chutney

30 ml Olivenöl | 50 g rote Zwiebel | ½ Knoblauchzehe | 30 g brauner Zucker | 1 Chilischote | Chilipulver | 1 TL Tomatenmark | 30 ml Apfelessig | 200 g Muskatkürbis, in Stücken | 40 g Äpfel, in Stücken | 40 g Birne, in Stücken | 50 g gelbe Paprika, geschält, in Stücken | 50 g rote Paprika, geschält, in Stücken | 100 g Ananas | 30 g Mango | Meersalz | 1 TL Ingwer, gerieben | ½ Lorbeerblatt | 2 Sternanis | 1 Nelke | Pfeffer aus der Mühle

Olivenöl erhitzen, Zwiebel mit Knoblauch und Chilischote anschwitzen, leicht Farbe annehmen lassen, Zucker und Chili dazugeben. Tomatenmark einrühren, mit Essig ablöschen. Danach Gemüse, Obst und Meersalz hinzugeben. Ca. 30 Minuten köcheln lassen. In den letzten 15 Minuten die Gewürze hinzufügen. Wenn das Chutney zu trocken wird, eventuell mit etwas Wasser auffüllen. Die Gewürze entfernen und das Chutney grob hacken oder mit dem Zauberstab mixen. Eventuell nochmals abschmecken. In Gläser füllen.

Gelees

Salsa-verde-Gelee

50 g Blattpetersilie, gezupft und gewaschen | 100 g Cornichons | 12 g Kapern mit Fond | Meersalz | Zucker | ½ Knoblauchzehe, gepresst, ohne Keimling | 30 ml Cornichons-Fond (aus dem Glas) | 3 Blatt Gelatine

Alle Zutaten – bis auf die Gelatine – fein mixen. Die Gelatine kalt einweichen, auspressen, mit etwas Wasser erwärmen und mit der kalten Salsa mischen. Wegen der Säure benötigt man etwas mehr Gelatine. In kleine Formen füllen und erkalten lassen. Anschließend herausdrücken und mit etwas Olivenöl marinieren.

Maisessiggelee

150 g eingelegter Dosenmais | 70 ml weißer Essig | Meersalz | 2 Blatt Gelatine

Mais, Essig und Meersalz lange mixen und über Nacht stehen lassen, passieren. Auf 0,1 l Masse 2 Blatt Gelatine kalt einweichen, auspressen, mit einem Teil der Maisflüssigkeit erwärmen, bis sich die Gelatine aufgelöst hat. Beide Massen mischen, in kleinen Formen füllen und erkalten lassen. Danach in Würfel schneiden.

Apfelgelee

100 g grünes Apfelpüree (roh pürierter Apfel) | 2,5 Blatt Gelatine

Die Hälfte des Apfelpürees erwärmen, eingeweichte Gelatine einrühren. Das restliche Püree dazugeben und in eine Form oder auf eine Platte gießen. Erkalten lassen. Danach in Würfel schneiden.

Temperierte Geleewürfel von Kalbsjus

200 ml Kalbsjus 172 | 10 g pflanzliche Gelatine oder 2 g Agar-Agar + 2 Blatt Gelatine

In den kalten flüssigen Jus die pflanzliche Gelatine einrühren und unter ständigem Rühren aufkochen. 1 Minute gut durchkochen. Danach sofort in die Form gießen, erkalten lassen und stürzen. Im Backofen (bis ca. 50°C) erwärmen und zu den Gerichten servieren.

Oder: Agar-Agar in die kalte flüssige Jus gießen und ständig rühren, einmal ca. 2 Minuten durchkochen lassen und die eingeweichte Gelatine zugeben. Danach sofort in die Form gießen, erkalten lassen und stürzen. Im Backofen (bis ca. 50°) erwärmen und zu den Gerichten servieren.

Gelee-Cannelloni

250 ml Hummerfond 170 | 12,5 g Gelatinepulver

Den kalter Hummerfond mit dem Gelatinepulver verrühren und unter ständigem Rühren aufkochen. 1 Minute gut durchkochen, auf ein Blech gießen oder in Plexiglas-Hohlkörper (Fillinis) füllen. Das Gelee erkalten lassen, in Quadrate schneiden, mit verschiedenen Zutaten füllen und zu Röhren rollen. Kann bis auf 50°C erwärmt werden.

Sorbets

Extra-Virgin-Olivenöl-Sorbet

300 ml Wasser | Saft von 1 Zitrone, frisch gepresst | 25 g Glucose-Pulver | 80 g Zucker | 50 ml natives Olivenöl | Meersalz

Das Wasser mit dem Zitronensaft auf 45°C erwärmen. Das Glucose-Pulver und den Zucker einrühren. Zum Schluss alles in eine Eismaschine geben und kurz vor dem Festgefrieren in einem dünnen Strahl langsam das Olivenöl mit einlaufen lassen.

Rucola-Sorbet

150 g fertiges Zitronensorbet | 80 g Rucola, geputzt | 10 ml Olivenöl | 250 ml Ginger Ale

Alle Zutaten miteinander vermixen und in einer Eismaschine gefrieren.

Melonen-Honig-Sorbet

600 g reife Cavaillon-Melone (Honigmelone), ohne Kerne und Schale) | 50 g Blütenhonig | 1 kleiner Zweig Thymian | Saft und Abrieb von 1 Limette | 40 g Läuterzucker (Wasser ... Zucker 1:1 aufgekocht)

Alle Zutaten für das Sorbet mixen und pürieren, anschließend in einer Eismaschine oder einer flachen Schüssel gefrieren, dabei regelmäßig mit einer Gabel umrühren. Ohne Eismaschine gibt es dann eher Granité.

Fleisch, Fisch, Gemüse & Co.

Linsengemüse

50 g Butter | 15 g Mehl | 1 kleine weiße Zwiebel, in feinen Würfeln | 25 ml dunkler Balsamicoessig | 250 g bunte Linsen, blanchiert | ½ Lorbeerblatt | Thymianzweig | 3 Wacholderbeeren, angedrückt | 1 TL Dijon-Senf | 300 ml Geflügelfond 171 | 25–30 ml Rotweinessig

Die Butter bräunen lassen und das Mehl darin rösten, bis es leicht dunkel wird (die Butter darf nicht verbrennen). Die Zwiebelwürfel darin anschwitzen, mit dem Balsamicoessig glacieren. Die Linsen dazugeben. Die Gewürze in ein Tuch wickeln und ebenfalls hinzufügen. Mit Dijon-Senf und Geflügelfond auffüllen und die Linsen ca. 15 Minuten darin bissfest garen. Dann den Rotweinessig dazugeben und das Gewürzsäckchen herausnehmen.

Wirsinggemüse

200 g Wirsing, in Streifen (ergibt blanchiert und gut ausgedrückt ca. 160 g) | 100 ml Sahne | 30 g Butter | 1 Messerspitze Pfeilwurzelmehl | 25 g Speckwürfel, geröstet

Butter in einer Sauteuse leicht bräunen. Sahne dazugeben und um ⅓ einkochen lassen. Den blanchierten und gut ausgedrückten Wirsing zufügen und sämig einkochen lassen. Mit dem angerührten Pfeilwurzelmehl binden. Kurz vor dem Servieren die gerösteten Speckwürfel unterheben.

Quinoa

100 g Quinoa (Urweizen der Inkas), hell/dunkel | ½ Knoblauchzehe | 1 Thymianzweig | 200 ml Wasser | Rapsöl | Pergamentpapier | Meersalz

Quinoa mit angedrückter Knoblauchzehe und Thymianzweig im Wasser 15 Minuten leicht köcheln lassen. Wasser abgießen und Quinoa flach auf Pergamentpapier streuen. Im Backofen bei 85°C Umluft ca. 100 Minuten trocknen. Die getrockneten Körner im Rapsöl bei 150°C frittieren, auf ein Sieb schütten und salzen.

Einlegte Senfkörner

200 ml Wasser | Zucker | Meersalz | 30 ml weißer Essig | ⅓ Lorbeerblatt | 100 g Senfkörner

Wasser mit Zucker und Meersalz aufkochen. Essig zugeben, auf das Lorbeerblatt und die Senfkörner gießen. In einem kleinen Einmachglas einlegen.

Ofentomaten

10 Kirschtomaten ohne Haut | Meersalz | Pfeffer aus der Mühle | Zucker | 1 Knoblauchzehe | 1 Zweig Rosmarin, klein gehackt | 1 Zweig Thymian | 10 ml Olivenöl

Kirschtomaten auf ein Blech geben und mit Meersalz, Pfeffer und Zucker würzen, Knoblauch pressen und darüber verteilen. Rosmarin und Thymian darüber streuen und mit Olivenöl beträufeln. Das Ganze bei 95 °C für 30 Minuten bei Umluft trocknen.

Gekochter Oktopus/Sepia

Für 500–700 g Oktopus/Sepia

2 l Wasser | 100 ml Weißwein | 50 ml weißer Essig | Meersalz | 2 Knoblauchzehen | 250 g Gemüse (Zwiebel, Fenchel, Staudensellerie, Karotte) | 1 Lorbeerblatt | 1 Zweig Thymian | 10 zermahlene Pfefferkörner

Alles aufkochen lassen. Die Weichtiere kalt waschen und in den kochenden Fond geben. Bei 90 °C ziehen lassen, bis sie entsprechend weich sind – je nach Größe dauert das ca. 60 bis 65 Minuten. Die Weichtiere sollten noch ein wenig Biss haben. Herausnehmen und lauwarm säubern.

Ikarimi-Lachs-Beize

Für 1 kg Lachs

12,5 g Zucker | 12,5 g Pfeffer, weiß und schwarz geschrotet | 40 g Meersalz | 10 g Wacholder, geschrotet | 10 g Tannennadel | 25 g Kräuter (Petersilie, Dill, Kerbel) | Abrieb von ½ Orange und ½ Zitrone

Alle Zutaten mischen und die Lachsseite damit von beiden Seiten einreiben. Abdecken und 3 Tage kühl beizen. Lachs mit einem Tuch abreiben, dünn aufschneiden oder räuchern.

Seezungenroulade

2 Seezungenfilets, 600–800 g | Klarsichtfolie | 2 Tiefsee-Langustenschwänze, ohne Schale und ohne Darm | 2 große Spinatblätter, blanchiert | Meersalz

Seezungenfilet in der Klarsichtfolie plattieren und auf der Hautseite vorsichtig einschneiden. Die Langustenschwänze in die Spinatblätter einschlagen, leicht würzen. Die eingeschlagenen Langustenschwänze in das Seezungenfilet einrollen. Diese Rolle zuerst in Klarsichtfolie, danach in Alufolie fest einrollen und das Ganze bei 48 °C Wassertemperatur 28 bis 30 Minuten garen. Herausnehmen, halbieren und beide Seiten kurz anbraten.

Konfiertes Fleisch

500 g Kaninchenfleisch (z. B. Kaninchen) | Meersalz | 2 Knoblauchzehen | 1 Strauß Thymian | 12 Rosmarinnadeln | Pfeffer aus der Mühle | 40 ml hochwertiges Olivenöl | 1 l Olivenöl (mittlere Qualität)

Fleisch mit den Gewürzen einreiben. Kräuter, Knoblauch und hochwertiges Olivenöl dazugeben. Das Fleisch 24 Stunden im Kühlschrank marinieren. Das andere Olivenöl auf ca. 85 °C erwärmen und das marinierte Fleisch ohne Kräuter darin garen, bis es weich ist. Das Fleisch ist sehr würzig und kann zu Salaten oder als Ragout verwendet werden.

Kalbskopf-Terrine „Burg Staufeneck"

1 Kalbskopf-Maske | 2 Kalbszungen | 800 g Wurzelgemüse (Zwiebel, Karotte, Sellerie, Lauch) | 1 Lorbeerblatt | 1 Zweig Thymian | 1 Knoblauchzehe | 50 g Sonnenblumenöl | 5 l dunkler Kalbsfond 171 | 80 g Dijon-Senf | 30 g geriebener Meerrettich | Meersalz | Pfeffer aus der Mühle

Das Wurzelgemüse im Sonnenblumenöl anbraten, die Knoblauchzehe dazugeben und mit dem Kalbsfond auffüllen. Die Kalbskopf-Maske und die Kalbszunge dazugeben und weich kochen. Beides säubern und in ca. 2 cm große Würfelschneiden, mit Meersalz, Pfeffer, Dijon-Senf und Meerrettich würzen. Das Ganze in eine Terrinenform pressen und erkalten lassen. Das kalte Fleisch in hauchdünne Scheiben schneiden und in einer Teflonpfanne ohne Fett knusprig anbraten.

Für Cannelloni die warmen Chips um einen Holzstab wickeln.

Hausmacher Blutwurst 60 Portionen

1,25 kg Schweinehals | 1 kg Zwiebeln | 1 kg Lauch | 5 Knoblauchzehen | 1 Schweinekopf, ca. 4 kg, halbiert | 3 Schweinefüße | 2 g Kashmir-Curry | 4 g Paprika (Rubino) | 0,5 g Muskat | 1 g Majoran | 3 g Thymian, gerebelt | ½ Prise Koriander | 105 g Gewürzsalz (Edition Rolf Straubinger) | Pfeffer aus der Mühle | 0,75–0,9 l Schweineblut (je nach Konsistenz) | 0,5 l Sahne | ca. 8 Naturdärme

Schweinehals, Zwiebeln, Lauch und Knoblauchzehen in einen großen Topf geben und schmoren. Schweinsköpfe und -füße separat ca. 1,5 Stunden in Salzwasser kochen (Fleisch am Kopf muss weich sein). Das Fleisch (ohne Fett und Knorpel) von den Knochen lösen und zum Schweinehals geben. Durch die grobe Scheibe eines Fleischwolfes lassen, die Gewürze hinzugeben. Mit Blut und Sahne aufgießen.

Alles in Därme füllen, abbinden und 2,5 Stunden bei 80 °C und 100 % Luftfeuchtigkeit hängend garen. Dann 15 Minuten abschrecken, ausstreichen und neu abbinden, über Nacht durchkühlen lassen.

Dekorationen

Verschiedene Brotchips

Verschiedene Baguettes nach Wunsch | Olivenöl | Meersalz

Baguettes (zur Hälfte vorgebacken, bei fertigen Baguettes werden die Brotchips zu trocken) einfrieren. Dann auf der Aufschnittmaschine in 0,5 mm dicke Scheiben schneiden, mit Olivenöl beträufeln, leicht salzen und zwischen 2 Backmatten oder Backpapieren bei 180 °C ca. 5 bis 6 Minuten backen, bis sie knusprig sind.

Teigblätter

Frühlingsrollenteigblätter | geschlagenes Eiweiß | verschiedene Gewürze zum Bestreuen (Kümmel, Limonenschale, Pfeffer, Meersalz)

Teigblätter in gewünschte Formen schneiden, auf Backpapier legen und mit dem Eiweiß dünn bestreichen. Gewürze nach Wunsch aufstreuen und bei 180°C ca. 6 bis 7 Minuten backen. Für Röllchen um ein gefettetes Metallrohr oder einen Holzkochlöffel wickeln und backen.

Rote-Bete-Luft

0,1 l Rote-Bete-Saft | 1,5 g Lecithin (aus der Apotheke)

Beides mischen und mit dem Zauberstab aufschlagen. „Luft" stehen lassen und abschöpfen.

Kürbis-Luft

0,1 l Kürbisfond vom eingelegten Kürbis 170 | 1,5 g Lecithin (aus der Apotheke)

Beides mischen und mit dem Zauberstab aufschlagen. „Luft" stehen lassen und abschöpfen.

Senf-Luft

0,2 l Geflügelfond 171 | 20 g scharfer Senf | 1 Spritzer Rotweinessig | 3 g Lecithin

Geflügelfond mit Senf, Essig und Lecithin verrühren und mit dem Zauberstab aufschlagen. „Luft" stehen lassen und abschöpfen.

Staufenecker schwarze Nüsse

1 kg unreife, grüne Walnüsse | 1,2 kg Zucker | 1,2 l Wasser | 1 Nelke | 1 EL Piment, ganz | 4 Wacholderbeeren | 4 Sternanis | 1 Kumquat, in Scheiben | 1 Zimtstange | 1 Lorbeerblatt | 3 weiße Pfefferkörner | 250 ml Rum | 150 ml Madeira | 1 Vanilleschote

Die unreifen, noch grünen Walnüsse im Juni pflücken und mit einer Gabel ringsherum einstechen. Die Nüsse 14 Tage wässern, das Wasser täglich wechseln. Am 15. Tag einen Läuterzucker aus Zucker und Wasser herstellen und in der Hälfte die Nüsse aufkochen. Danach die Nüsse entnehmen und erneut wässern, den Läuterzuckerfond weggießen. Am 16. Tag werden die Nüsse in der anderen Hälfte mit den Gewürzen, den Kumquatsscheiben und den Spirituosen gekocht. Die Nüsse in diesem Fond in ca. 15 Minuten weich kochen. Dann die Walnüsse auf Einmachgläser verteilen und mit dem Kochfond begießen. Die Nüsse sollten mindestens 4 Monate in diesem Fond liegen, damit sie ihr volles Aroma entfalten können.

Schwarze Olivenwasserperlen

80 g schwarze Oliven, ganz trocken | 80 ml Mineralwasser | Meersalz | 1 l Wasser | 5 g Alginatpulver (Molekularküche) | 2 g Gluconolaetat (Molekularküche) | 0,5 g Xanthana

Getrocknete Oliven mit Wasser und Meersalz mixen und passieren. Mit dem Xanthanapulver mixen. Alginatpulver vorsichtig in das Wasser einmischen. Gluconolaetat in das Olivenwasser geben. Das Olivenwasser mit einem Kaffeelöffel als große Tropfen in das Alginatwasser einträufeln lassen. Das Olivenwasser stockt außen und der Kern bleibt flüssig. In temperiertem Salzwasser bei ca. 40 °C kurz abspülen und anrichten. Wichtig: Das Alginatwasser 1 Tag lang stehen lassen, damit es keine Blasen mehr hat!

Parmesancracker

50 g grob geriebener Parmesan

Den grob geriebenen Parmesan relativ locker auf ein Backpapier streuen und im Backofen bei 180 °C goldbraun backen. Auskühlen lassen und in Stückchen brechen.

Knusprige Hähnchenhaut

4 Hähnchenhäute | Backpapier

Mit einem Messer das überflüssige Fett von der Hautunterseite schaben. Die Haut zwischen zwei Backpapiere legen. In der Pfanne mit einem Gewicht beschweren, so dass die Häute flach bleiben und knusprig herausbraten.

Speckhippen oder Pancetta-Speck-Rosen

50 g geräucherter Schweinbauch

Den geräucherten Schweinebauch für kurze Zeit im Froster gefrieren und anschließend an der Aufschnittmaschine in 0,5 mm dicke Scheiben schneiden. Diese zwischen 2 Backfolien im Backofen bei 160 °C ca. 8 Minuten backen, bis sie schön knusprig sind, dann auskühlen lassen. Sie bleiben glatt, wenn sie zwischen den Folien auskühlen.

Hummerragout im Reispapier

120 g glasig gegartes Hummerfleisch | 40 g Gemüse-Brunoise (sehr kleine Würfel), kurz in heißem Wasser blanchiert | 5 cl Hummer-Reduktion (Hummerfond stark einkochen) | 2 Blätter Koriander | 4 kleine Reispapierblätter, in feuchten Tüchern eingeweicht

Hummerfleisch mit Gemüse-Brunoise, Hummer-Reduktion und klein geschnittenen Korianderblättern mischen, auf die eingeweichten Reisblätter legen und zu kleinen Zigarren einrollen. Gut antrocknen und in Öl frittieren.

Dessert-Dekorationen

Mandelblätter

150 g gemahlene Mandeln | 200 g Läuterzucker (Wasser – Zucker 1:1 aufgekocht) | 20 g gemahlene Pistazien

Alle Zutaten mischen und auf Backpapier oder Backfolie dünn aufstreichen. Mit gemahlenen Pistazien bestreuen und im Backofen bei 150 °C langsam trocknen lassen, bis die Blätter eine goldene Farbe bekommen.

Müsli-Tartelettes

110 g Mehl | 50 g Müsli, gemahlen | 110 g brauner Zucker | 150 g gemahlene Mandeln | 125 g Butter

Alle trockenen Zutaten miteinander vermischen. Die weiche Butter dazugeben und mit den Händen zu einem Teig kneten. Zwischen zwei Blatt Papier auf eine Dicke von zwei Millimeter ausrollen. Quadrate von 10 cm auf 10 cm schneiden und einfrieren. Gefroren auf Backpapier legen und für ca. 10 Minuten im vorgeheizten Backofen bei 180 °C goldbraun backen.

Erdbeer-Marshmallows

150 g Zucker | 90 g Erdbeerpüree | 25 ml Zitronensaft | 125 g Honig | 7 Blatt Gelatine | Schokoladen-Perlen

Zucker, Erdbeerpüree, Zitronensaft und 50 g Honig in einen Topf geben und ca. 2 Minuten kochen. Den restlichen Honig in eine Rührschüssel geben und die kochende Flüssigkeit darauf gießen. Die eingeweichte Gelatine dazugeben und rühren, bis die Masse fast erkaltet ist. Mit einem Spritzbeutel 12 cm lange „Würmer" auf ein gefettetes Backblech legen und kalt stellen. Diese in kleine Stücke schneiden und eine Hälfte mit den Schokoladen-Perlen überziehen.

Erdbeer-Hippen

500 g Puderzucker | 50 g Mehl | 50 g Butter | 1 Eiweiß | rote Lebensmittelfarbe

Die Butter mit dem Puderzucker weich schlagen. Mehl und Eiweiß dazugeben. Ein Drittel der Masse mit der Lebensmittelfarbe einfärben. Auf eine Backfolie geben und die rote Masse mit Hilfe eines kleinen Spritzbeutels verteilen. Bei 170 °C 10 Minuten backen. Anschließend kleine Tuben formen.

Erdbeer-Folie

500 g fein passiertes Erdbeerpüree | 25 g pflanzliche Gelatine | 5 g Ascorbinsäure

Zutaten vermengen und aufkochen. Noch kochend auf ein Backblech so dünn wie möglich abgießen und erkalten lassen.

Apfelsauce

200 g Granny-Smith-Püree (roh püriert) | 50 g Honig

Zutaten zusammenmixen und kalt stellen.

Apfel-Minz-Sorbet

10 Minzblätter | 190 g Zucker | 250 ml Wasser | 550 g Apfel (roh püriert)

Die Minze mit dem Zucker im Mörser zerkleinern. Das Wasser erhitzen, die Zucker-Minze-Mischung hinzugeben, aufkochen und passieren. Zum Apfelpüree geben und in der Eismaschine sorbetieren.

Index

A
Affila-Kresse 54
Ananasragout 132
Apfelgelee 44 | 181
Apfelmatte 146
Apfelsauce 146 | 187
Apfel-Minz-Sorbet 146 | 187
Aprikosencreme 142
Aprikosen-Krupuk 142
Aprikosen-Nougat-Tartelette 142
Artischockensalat 102
Auberginenpüree 36
Avocadocreme 56

B
Bachsaibling, gebraten 62
Balsamico-Dressing 36 | 174
Basissuppe 76
Bauch vom Schwäbisch-Hällischen Landschwein 116
Baumkuchen 138
Beerenespuma 136
Beerensüppchen, leicht geliert 136
Bio-Stunden-Ei, pochiert 42
Birne Gute Luise 138
Birnen 128
Birnenbaum 138
Birnen, glaciert 126
Birnen, kandiert 138
Birnensud, rot 138
Birnensud, weiß 138
Blanc manger von Erdbeeren 144
Blutwurst, hausgemacht 128 | 185
Bohnen, dreierlei 116
Bohnen-Spaghetti 112
Brezelknödel 116 | 176
Brezelknödel-Soufflé 176
Brotchips 32 | 38 | 44 | 48 | 185
Brunnenkresse 38

C
Calamaretti, gefüllt 52
Carpaccio vom schwäbischen Landrind 68
Chiliöl 90 | 174
Chlorophyll (Kräuterpüree) 34 | 179
Chutneys 180
Ciabatta-Brotchips 32 | 185
Confits, Pestos & Chutneys 180
Couscous-Nocken 50
Cremes & Pürees 179
Crêpes 124 | 176
Crêpes Suzette 124
Crêpeteig 176
Curryöl 76 | 84 | 174

D
Dekorationen 185 | 187
Desserts 131ff
Dessert-Dekorationen 187
Dessertkreation von Kokos, Ananas und Schokolade 134
Dips 106
Dorade gefüllt mit geschmorten Safranzwiebeln 102
Dressings 174ff

E
Ei (Bio-Stunden-Ei), pochiert 42
Eigelb, frittiert 68
Eigelbkaviar 98
Eigelb-Ravioli 72
Eis von reduzierter Landmilch 140
Endiviensalat 34
Entenbrust auf der Haut kross gebraten 114
Entenkeule, Krokette 114
Enten-Marinade 106
Erbsen 76
Erbsen-Speck-Vinaigrette 54
Erdbeeren 144
Erdbeer-Cannelloni 144 | 187
Erdbeer-Folie 144 | 187
Erdbeer-Marshmallows 136 | 187
Erdbeer-Quark-Mousse 144
Erdbeer-Hippen 136 | 187
Erdbeersorbet 144
Erdgemüse in Senfkörnermarinade 42
Erdnussdip 106
Escabeche-Sud 46 | 172
Espressomousse 64
Extra-Virgin-Olivenöl-Sorbet 58 | 182

F
Farcen & Krusten 180
Feigensenf-Marinade 34
Feine Tomatensauce 32 | 172
Fisch 100
Fischfond 52 | 100| 102 | 171 | 170
Fleisch, Fisch, Gemüse & Co. 182
Fleisch mit Niedergar-Temperatur braten 110
Fleischfarce 70 | 112 | 122 | 180
Fleisch, konfiert 122 | 184
Fonds & Saucen 170ff
Fourme d'Ambert 44
Frühlingsgemüse 54
Frühlingsrollen-Teigblätter 42 | 124 | 185
Frühlingssalat 56

G
Gänseleberschnitte 64
Gebackene Frühlingsrollenteig 42 | 124 | 185
Gebackene Mandelblätter 132 | 187
Geflügelfond 42 | 50 | 66 | 72 | 76 | 78 | 80 | 82 | 88 | 92 | 96 | 100 | 102 | 114 | 118 | 120 | 170 | 172 | 174 | 175 | 171
Gefüllte Spitzpaprika 88
Gegrillte Satéspieße 106
Gekochter Oktopus/Sepia 52 | 184
Gelbe Sauce Rouille 58 | 175
Gelbes Linsenpüree 66 | 179
Gelees 181
Gelee-Cannelloni 84 | 181
Geleewürfel vom Kalbsjus 110 | 181
Gemüse 42 | 46 | 76 | 80 | 92 | 96 | 100
Gemüse in Pergamentpapier 120
Gemüsefond 88 | 92 | 96 | 170
Geräucherter Graupensalat 110 | 175
Geröstete Spätzle 112 | 176
Geschmortes Zwiebelconfit 112 | 130
Gewürzöle 174
Glacierte Birne 126
Glacierte Kalbshaxe 110
Gorgonzola-Risotto 92
Graupensalat, geräuchert 110 | 175
Grießbiskuit 144
Grießnocken 96 | 178
Grüner Spargel 110 | 118
Grüner-Apfel-Marshmallow 146
Grüner-Apfel-Mojito 146
Grüner Schokoladenapfel 146
Grünes Mie de Pain 180
Grünes Pesto 106
Grundsauce, weiß 110
Grundvinaigrette 34 | 54 | 98 | 174
Gurken-Tagliatelle 48 | 62
Gurken-Tapioka 62
Gute Luise, Birne 138

H
Hähnchen 100
Hähnchenhaut, knusprig 100 | 118 | 186
Hauptgerichte, vegetarisch 87ff
Hauptgerichte, Fisch 85ff
Hauptgerichte, Fleisch 105ff
Hausmacher Blutwurst 128 | 185
Hefeknöpfle 110 | 118 | 176
Heilbutt im Speck-Lauch-Mantel 96
Hummersalat 84
Hummerfond 84 | 170
Hummerragout in Reispapier 76 | 186

I
Ikarimi-Lachs-Beize 184

J
Jakobsmuschel 78
Jakobsmuschel-Carpaccio 78
Jakobsmuschel-Tatar 78
Jakobsmuschel, mit Vanille gebratene 78

K
Kakao-Zigarren 134
Kalbsbäckchen-Ragout 72
Kalbsbriesmedaillons 76
Kalbsbries auf marinierten Kalbsbrustscheiben 66
Kalbsbrust, geschmort 66
Kalbsfond, hell 110 | 171
Kalbsfond, dunkel 64 | 66 | 72 | 108 | 110 | 112 | 116 | 172 | 185 | 171
Kalbshaxe, glaciert 110
Kalbsjus 110 | 172
Kalbskopfchips, gebacken |
Kalbskopf-Terrine „Burg Staufeneck" 66 | 108 | 185
Kalbsnierenroulade 112
Kalbsnieren schwäbisch-sauer 112
Kalbszungenragout weiß-sauer 110
Kandierte Birnen 138
Kaninchen 122
Kapernäpfel, gebacken 58
Karamellisiertes Limonenparfait 132
Karamellisierter Ziegenfrischkäse 40
Karotten 112
Kartoffelbrot, Staufenecker 44 | 178
Kartoffelbrot-Lasagne mit Fourme d'Ambert 44
Kartoffelcroutons 82
Kartoffelfond 32 | 34 | 66 | 68 | 174 | 175 | 170
Kartoffel-Gemüse-Salat 58
Kartoffelknödel 82
Kartoffel-Kürbis-Gulasch 96
Kartoffel-Lauch-Püree 108 | 179
Kartoffelpüree 98 | 108 | 179
Kartoffel-Räucherfisch-Püree 98
Kartoffel-Steinpilz-Gröschtl 128
Kartoffelteig 178
Kartoffel-Weißweinessig-Dressing 42 | 54 | 66 | 116 | 174
Klößchen & Teige 176
Knusprig gebratene Hefeknöpfle 110 | 176
Knusprige Hähnchenhaut 100 | 118 | 186
Kirschtomaten 90
Kirschtomatensugo 90
Kokos-Crême brulée 134
Kokosschaum 78
Kopfsalatcreme 54 | 179
Konfiertes Fleisch 122 | 184
Koriander-Pesto 106
Kräuterpüree | Herstellung von Chlorophyll 34 | 179
Krokette von der Entenkeule 114
Krusten 180
Kürbis-Chutney 70 | 180
Kürbis-Luft 96 | 185
Kürbis, eingelegt 185 | 170
Kürbis-Mandel-Crunch 114
Kürbisflan 78
Kürbisfond 185 | 170
Kürbissuppe auf Kürbisflan 78
Kuvertüre, dunkel 138
Kuvertüre, weiß 146

L
Lachs 48
Lachsforelle, karamellisiert 60
Lachs selber beizen/räuchern 48
Lachs-Brot-Lasagne 48
Lachsröllchen mit Wachtelei und Lachskaviar 48
Lachs-Tagliatelle 48
Lachstatar 48
Lammkoteletts „Barbecue-Style" 120
Landmilch-Eis 140
Lauchpüree 108 | 179
Leberbraten vom Stallhasen 122
Leberwurst-Apfelfüllung 82
Leberwurst-Kartoffelknödel 82
Leicht geliertes Beerensüppchen 136
Limonenparfait, karamellisiert 132
Limonen-Vinaigrette 52 | 174

Linsen 66
Linsengemüse 182
Linsenpapier 64 | 178
Linsenpüree, gelb 66 | 179
Linsen-Rettich-Vinaigrette 68
Lockeres Kartoffelpüree 98

M
Maisessiggelee 56 | 181
Maishühnerbrüste 118
Makrelenfilets 46
Mandelblätter 132 | 187
Mangold, rot 126
Marinade, Ente 106
Marinade, Rind 106
Markklößchen 178
Marshmallow, Erdbeer 136 | 187
Marshmallow, Grüner Apfel 146
Meeresfrüchteterrine 52
Melonen-Honig-Sorbet 40 | 182
Melonen-Hummer-Suppe, geeist 84
Melonenperlen 84
Mie de Pain, grün 68 | 180
Mie de Pain, weiß 180
Minutenröllchen vom Roastbeef 108
Minz-Apfel-Sorbet 146 | 187
Mixed-Pickles 60 | 172
Mixed-Pickles-Sud 60 | 172
Morchelrahm 118
Most-Sabayon 70
Mousse, Erdbeer-Quark 144
Mousse, Vanille-Schokolade 136
Mozzarella 32
Münsterkäse in der Pellkartoffel 34
Müsli-Tartelette 142 | 187
Muschelfond 100 | 171

N
Nougat-Parfait mit Orangen 142
Nocken, Grieß 96 | 178
Nudelteig 72 | 176
Nudeln, klassisch kochen und servieren 90
Nüsse, schwarz, Staufenecker 64 | 124 | 186
Nusspesto, schwarz 64 | 180

O
Ofentomaten 36 | 58 | 100 | 102 | 120 | 184
Oktopus, gekocht 52 | 184
Oktopus, geröstet 52
Oliven, gebacken 58
Olivenwasserperlen, schwarze 90 | 186
Orangen 142
Orangen-Fenchel-Salat 52 | 175
Orangen-Ingwer-Marinade 114 | 174

P
Paella „Burg Staufeneck" 100
Pancetta-Speck-Rosen 54 | 186
Paprika-Coulis 88
Parmesancracker 72 | 90 | 186
Parmesanschaum 72 | 172
Passionsfrucht-Orangen-Vinaigrette 56 | 174
Pellkartoffeln 34
Pestos 180
Pesto, grün 106
Petersilienspätzle 122
Pfeilwurzelmehl 50
Pfifferlinge 122
Pilze säubern 128
Piña-Colada-Sorbet 134
Piña Schokolada 134
Pinienkern-Gnocchi 118
Pochierte Bio-Stunden-Eier 42
Polenta 120
Pürees & Cremes 179

Q
Quark-Mouss, Erdbeer 144
Quicheteig 70 | 176
Quinoa 182

R

Radieschen 116
Rahmsuppe vom Kopfsalat 76
Räucherfischmilch 98 | 171
Ragout, Hummer 76 | 186
Ragout vom Kalbsbäckchen 72
Ragout vom konfierten Kaninchenbauch 122 | 184
Rehrücken mit Kruste vom Studentenfutter 124
Rehfond 124 | 171
Rehsauce 124
Reis 100
Reispapier, Hummerragout 76 | 186
Rettich-Cannelloni, gefüllt mit Lachsforellentatar 60
Rhabarberkompott 140
Rhabarber-Sangria 140
Ricotta 90
Rigatoni mit Ricottakäse 90
Rinderfilet mit Trüffel-Hollandaise 126
Rinder-Marinade 106
Rindfleisch 106
Risotto 92
Risottokroketten 92
Rollmops von der Makrele (Steckerlfisch) 46
Rosenkohllaub 42
Röstkartoffeln 98
Rote Bete-Carpaccio 44
Rote-Bete-Luft 44 | 185
Rote-Bete-Salat 44
Rote Grütze „Burg Staufeneck" 136
Rote Sauce Rouille 100 | 175
Rote Spitzpaprika 88
Rotkrautsalat 114
Rotwein-Thymian-Jus 108
Roulade von der Freilandhühnerbrust 118
Royal 70 | 176
Rucolasalat 36
Rucola-Sorbet 36 | 182
Rucola-Vinaigrette 32

S

Safran-Grissini 40 | 178
Safran-Mixed-Pickles 60
Safran-Mixed-Pickles-Sud 60 | 172
Safranzwiebeln 102
Saiblingsroulade 62
Salate 175
Salat, Artischoken 102
Salat, Blutampferblättchen 98
Salat, Frühling 56
Salat, Kartoffel-Gemüse 58
Salat, Rotkraut 114
Salsa-Verde-Gelee 116 | 181
Sandwich vom Taleggio-Käse 36
Sankt Petersfisch 98
Satéspieße 106
Saucen 170ff
Sauce Hollandaise 126 | 172
Sauce Rouille, gelb 58 | 175
Sauce Rouille, rot 100 | 175
Sauerkrautsuppe 82
Sauerrahmschaum 62
Saurer Apfel 146
Scampi 52
Schichttorte von Geflügelleber und Espresso 64
Schmorpaprika 118
Schwarze Nüsse, Staufenecker 64 | 124 | 186
Schwarzes Nusspesto 64 | 180
Schwarze Olivenwasserperlen 90 | 186
Schweinebauch 116
Schokoladenapfel, grün 146
Schokoladen-Crème brulée 134
Schokoladenkuchen 140
Schokoladenkugel 138
Schokoladensauce 138
Seeteufelmedaillon 56
Seezungenroulade 50 | 184
Seezungenstreifen in der Zucchiniblüte 50
Selleriepüree 114 | 124 | 179
Sellerietascherl 114
Senfkörner, eingelegt 42 | 96 | 175 | 184
Senfkörnermarinade 42
Senf-Luft 66 | 128 | 186

Sepia, gekocht 52 | 184
Sesamsauce, weiß 106
Shiitake-Pilze 112
Sot-l'y-laisse 100
Sorbets 182 | 187
Sour Cream 120
Spätzle, geröstet 112 | 176
Spätzleteig 176
Spargel 38
Spargel, grün 110 | 118
Spargel richtig kochen 38
Spargelsalat 38
Spargel-Tagliatelle 38
Spargel-Vinaigrette 38 | 174
Speckhippen oder Pancetta-Speck-Rosen 54 | 186
Spinatpüree 72 | 179
Spitzpaprika, rot, gefüllt 88
Staudensellerie 126
Staufenecker Kartoffelbrot 44 | 178
Staufenecker schwarze Nüsse 64 | 124 | 186
Steinchampignons 126
Studentenfutterkruste 124 | 180
Steckerlfisch 46
Störmilch 98 | 171
Sud 60 | 100 | 171 | 172
Suppen 75ff

T

Taleggio-Käse 36
Tatar 68
Teige & Klößchen 176ff
Teigblätter 60 | 68 | 98 | 124 | 185
Tellersülze mit Allerlei vom geräucherten Lachs 48
Temperierte Geleewürfel vom Kalbsjus 110 | 181
Tempurateig 38 | 58 | 178
Terrine von Meeresfrüchten und Scampi 52
Thai-Suppe 80
Thunfischsalat „Burg Staufeneck" 58
Thunfischröllchen 58
Thunfischsteaks 58
Tomate im Mozzarella 32
Tomatenfond, weiß 50 | 170
Tomatensauce, fein 32 | 90 | 172
Tomatenschaum, weiß 50
Trüffel-Hollandaise 126

V

Vanille-Schokoladen-Mousse 136
Vanille-Birnen-Parfait 138
Variationen von der Jakobsmuschel 78
Vinaigrettes & Dressings 174ff
Vinaigrette, Grundrezept 54 | 89 | 174
Vinaigrette von Strauchtomaten und Basilikum 50
Vorspeisen 31ff

W

Wachtelei 48 | 54
Wachtelkoteletts, gefüllt 70
Wassermelone, gegrillt 40
Weiße Grundsauce 110
Weiße Sesamsauce 106
Weißer Tomatenfond 50 | 170
Weißer Tomatenschaum 50
Weißes Mie de Pain 180
Weißes Zwiebelconfit 112 | 180
Wilde Dorade 102
Wildwasserscampi 80
Wirsinggemüse 124 | 182

Z

Zanderschnitte mit kross gebratener Haut 54
Ziegenfrischkäse, karamellisiert 40
Zitronen-Olivenöl-Emulsion 102
Zucchini-Tagliatelle 88
Zur Rose abbinden 134
Zwiebelconfit, weiß 112 | 126 | 180
Zweierlei vom Bachsaibling 62
Zwiebelkuchen mit gefüllten Wachtelkoteletts 70